2024-25年版

FP3級

合格の トリセツ

過去問厳選模試

はじめに

このたびは本書「FP 3級 合格のトリセツ 過去問厳選模試」を手に取っていただきありがとうございます。

FP 試験に限らず様々な試験に合格するためには、「王道の3ステップ」があると私は考えています。
①試験の出題範囲の論点を一つ一つ覚えていくための良質なインプット
②インプットした内容を脳内に記憶させるための反復的な問題演習
③時間配分・自分の弱点を知るための本番試験と同じ形式のアウトプット

どのような試験でもサクっと短時間で合格してしまう、いわゆる「勉強が得意な人」は、この3つのステップを計画的に、かつ良質な教材を選んで学習を進められている人がほとんどです。

私は YouTube にて「ほんださん FP チャンネル」を2021年からスタートし、学習方法や暗記で苦しむ FP 独学者へ向けて、暗記や詰め込みに頼らない「本質的な理解を大切にする学習」を発信し続けてきました。
「しっかりと理解して合格」という姿勢のコンテンツは当時の FP 学習の中ではかなり異端ともいえるものでしたが、今ではチャンネルの登録者数20万人超、年間再生回数3,000万回となり、FP 解説では No. 1 の YouTube チャンネルとして、FP 独学者に広く利用されています。

YouTube を利用した数多くのユーザーやたくさんの合格者を見てきた中で、受験生が難しいと感じ、つまずくであろうと見えてきた部分の問題を厳選したものが

本書です。周囲の受験生がひっかかりやすい部分をしっかりとマスターしておくことで一歩差をつけることができる問題をチョイスしております。

また、本書で私が選定・制作した問題の中で重要問題については、「ほんださんFPチャンネル」にて、別途無料の解説動画をリリースしております。書面ではどうしてもスペースの都合上載せられなかった、本質的に理解して記憶に残りやすくするための解説も動画では存分にお話ししております。せっかく時間をかけて解いた問題を120％活用するために、ぜひ動画を使いながら復習することをオススメします。

おそらく本書を手に取っている方の中には、「本当にこのままで間に合うのだろうか？」「合格する気がしない」と不安に思われている方も多いかと思います。しかし、資格試験を受けようとしている受験生の中に合格している人間は一人もいません。どの受験生も合格をもらえるまでは不安と共に日々の勉強を続けているのです。

本書はそんな不安を抱える受験生に向けて、良質な問題をしっかりと解き、復習をこなすことで「絶対に合格できる！」という確固たる自信と共に試験会場に行けるようになることを目的として執筆しました。この「厳選模試」をこなした経験が、本番試験であなたを強く後ろから支えてくれるはずです。

さあ、次回の試験での一発合格を目指し、ラストスパートを頑張りましょう！

ほんださんFPチャンネル
本多遼太朗

本書の使い方と特徴

本書は、学科試験３回分と実技試験（日本 FP 協会＆金財２種）各２回分の模試で構成されています。そのうち各１回分（チャレンジ１）は、ほんださんによる独自チョイス分です。残り、学科試験２回分（チャレンジ２・３）と実技試験１回分（チャレンジ２）は、ほんださんチョイスを除いた重要頻出過去問から LEC 先生がチョイスして制作しました。本書一冊をマスターすることで、重要頻出過去問を網羅し、効果的に実力が身につくよう編成されています。

①本書は、各問題冊子を取り外して、本試験と同じような形式で問題に取り組む体験ができる模擬試験スタイルになっています。

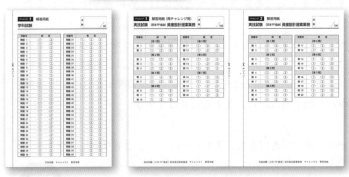

②解答用紙編では、各試験の解答用紙が２回分ついています。
　ダウンロードサービスもありますから、何度でもチャレンジできます！

解答用紙・論点チェック表ダウンロードサービス
←アクセスはこちらから
https://lec.jp/fp/book/member/PD09786.html

③問題を解いたら、解答・解説編で答え合わせをしましょう。各
　問ごとに詳しい解説をしています。また、「ここは特に重要！」
　という論点には、コラムでさらに詳細を深掘りしています！

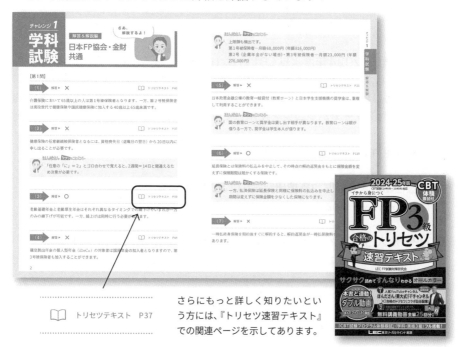

さらにもっと詳しく知りたいという方には、『トリセツ速習テキスト』での関連ページを示してあります。

📖 トリセツテキスト　P37

④論点チェック表では、
　得点をまとめて見ることで、苦手な分野がどこか？わかるようになっています。
　（こちらにもダウンロードサービスがあります）

FP3級資格試験について

FP3級試験は、2024年度よりCBT方式（Computer Based Testing）へ全面移行されました。ほぼ毎日実施されることで受検しやすくなりました。
CBT試験とは、受検者がパソコン等から受検日時・場所（テストセンター）を予約し、テストセンターでパソコンを使用して受検するというものです。

FP技能検定は2つの団体で実施されています。

● 一般社団法人金融財政事情研究会（以下、金財）
　https://www.kinzai.or.jp

● NPO法人日本ファイナンシャル・プランナーズ協会（以下、日本FP協会）
　https://www.jafp.or.jp

試験科目

試験は、学科試験と実技試験で行われます。

学科試験	共通	
実技試験	日本FP協会	資産設計提案業務
	金財	個人資産相談業務 保険顧客資産相談業務

金財で受検する場合、2つの実技試験がありますが、どちらかを選択することになるので受検する実技試験は1つだけです。
このうち「保険顧客資産相談業務」の試験は、保険だけに特化したもので、保険業に携わっている方が受検することが多いです。このため「金融資産運用」と「不動産」の分野からは出題されないという特徴がありますが、その分、年金や保険、相続という分野の連携した知識を求められます。

試験は、学科と実技の両方に合格しなければなりません。

学科試験

試験時間
90分

学科試験は、実施団体である金財・日本FP協会とも共通です

出題形式：○×式30問・3択式30問の計60問
合格基準：6割以上（計60点満点で36点以上）

実技試験

試験時間
共通/60分

実施団体である金財と日本FP協会で試験内容が異なります

金財	出題形式：事例形式5題
	出題科目：個人資産相談業務、保険顧客資産相談業務から1つを選択
	合格基準：6割以上（50点満点で30点以上）
日本FP協会	出題形式：3択式20問
	出題科目：資産設計提案業務
	合格基準：6割以上（100点満点で60点以上）

〈試験問題と法令基準日〉
試験問題は、法令基準日に施行（法令の効力発効）されている法令に基づいて出題されます。
2024年6月～2025年5月実施試験　法令基準日：2024年4月1日

試験日程

試験日	受検申請	合格発表
2024年　6月1日～　6月30日	2024年　3月1日～試験日3日前	7月12日（金）
2024年　7月1日～　7月31日	2024年　4月1日～試験日3日前	8月15日（木）
2024年　8月1日～　8月31日	2024年　5月1日～試験日3日前	9月13日（金）
2024年　9月1日～　9月30日	2024年　6月1日～試験日3日前	10月15日（火）
2024年 10月1日～10月31日	2024年　7月1日～試験日3日前	11月15日（金）
2024年 11月1日～11月30日	2024年　8月1日～試験日3日前	12月13日（金）
2024年 12月1日～12月26日	2024年　9月1日～試験日3日前	1月17日（金）
2025年　1月7日～　1月31日	2024年 10月1日～試験日3日前	2月14日（金）
2025年　2月1日～　2月28日	2024年 11月1日～試験日3日前	3月14日（金）
2025年　3月1日～　3月31日	CBT試験 休止期間	
2025年　4月1日～5月31日（予）	2025年 1月～ 試験日3日前（予）	5・6月中旬（予）

※2024年5月1日現在で発表されている試験日程です。上記の日程は変更される場合がありますので、最新の情報は各試験団体のホームページをご確認ください。
※2025年4月以降の日程は未発表のため予定です。

FP 3 級 CBT試験 受検の流れ

1 事前準備

本試験は各試験団体のホームページから受検申請します。
スムーズに手続きできるよう以下の点を準備・確認しておきましょう。

☐ 試験科目（実技試験の受検科目）を決める

☐ 受検場所と受検日・時間帯を決める
　→学科と実技は別日でも受検できます

☐ 連絡用メールアドレスを準備
　→「受検予約完了のお知らせ」メールなどが届きます

☐ 受検手数料の決済方法を確認
　→クレジットカード払い、コンビニ払い、Pay-easy決済などの
　　場合は、手元にカードや収納機関番号などを準備しましょう

2 受検申請

① 試験団体のホームページにアクセスし、受検申請画面を開く

▶一般社団法人金融財政事情研究会
https://www.kinzai.or.jp/fp

▶NPO法人日本ファイナンシャル・プランナーズ協会
https://www.jafp.or.jp/exam/

② 受検者情報を登録（氏名や生年月日、メールアドレスなど）
③ 受検会場（テストセンター）、受検日時を指定し予約
④ 決済方法を選択

受検手数料の支払いが完了すると、登録した
メールアドレス宛てに予約完了のメールが届きます

3 試験当日

①試験当日は、予約した時間の30分～15分前には試験会場に到着する

> **試験当日の持ち物**　　☐ 顔写真入り本人確認書
>
> ※メモ用紙・筆記用具はテストセンターで貸し出されます。
> 　計算問題は試験画面上に表示される電卓を使用します。

② 試験会場に入室し、指定されたパソコンで受検

携帯電話、筆記用具、電卓、参考書などの私物の持込は認められていません。私物はテストセンターに設置されている鍵付きのロッカー等に保管します。

③ 試験終了後、受付にてスコアレポートを受け取る

試験終了後、受付にて得点状況がわかるスコアレポートが配付されるので、受検当日に試験結果がわかります。

> 試験当日に得点状況がわかれば、合格発表日を待たずに次の試験の勉強をスタートできますね！

2級の勉強を始めちゃおう！

4 合格書の受け取り

合格発表日に、合格者には試験団体より合格証書、学科試験と実技試験の一部合格者には一部合格証が発送されます。

> 受検の流れはつかめましたか？
> **次は、CBT試験を体験してみましょう！**

CBT試験を体験する

本書では、CBT試験対策として2パターンの「CBT体験模試」を、それぞれにつき学科試験および実技試験3種類を購入者特典として用意しています。
自宅のパソコンで実際の画面に近いイメージで試験を体験できます。解答操作や画面に表示される電卓の使い方などを本試験前に確認しておきましょう！

本書には、購入者特典として2つの「CBT体験模試」がついています。
2つを有効活用して"CBT試験は大丈夫！"となり、合格を確実にしていきましょう。

チャレンジ1（ほんださんチョイス）全問の「CBT体験模試」つき

本書のチャレンジ1（ほんださんチョイス問題）全問（学科試験・実技試験3種類＝日本FP協会：資産設計提案業務・金財：個人資産相談業務・金財：保険顧客資産相談業務）について、「CBT体験模試」による"CBT仕様での体験模試"がついています。本書で「紙試験」の形で一度「模試」を受けた後で、ぜひ「CBT試験」の形でも体験してください。もちろん、"いきなりCBT"にチャレンジでも大丈夫です。

＼さらに！／

LECトリセツ共通の「CBT体験模試」も活用できます

「FP3級 合格のトリセツ 2024-25年版」共通の購入者特典も利用できます。トリセツ共通の「CBT体験模試」は、FP3級の過去問題から極めてオーソドックスで頻出な問題がチョイスされて、「CBT試験対応プログラム」での体験ができます。こちらも「学科試験」「実技試験3種類」（日本FP協会：資産設計提案業務・金財：個人資産相談業務・金財：保険顧客資産相談業務）がフル装備されています。ぜひ、こちらの「CBT体験模試」も活用して、万全のCBT対策を行ってください。

ＣＢＴ体験模試 受検の手順

① 購入者特設ページにアクセス

https://lec.jp/fp/book/member/PD09786.html

※体験模試のご利用には、購入者様確認画面が表示されますので、手元に購入書籍をご用意ください。

CBT 体験模試　提供期限：2025 年 5 月 31 日

② 問題を解答する

CBT 体験模試の画面イメージと主な機能

解答状況
未解答の問題や後から見直したい問題を一覧で確認できます

後で見直す
後で見直したい問題にチェックが入れられます

制限時間
残り時間が表示されます

CBT 対策は
万全に！

電卓の表示
計算が必要な問題はここから電卓を表示します

電卓
AC：すべて削除
BS：1文字消去

FP3級 学科の
重要論点はコレ！

ほんださん
爆速合格のツボ

前半30問が2択の○×式、後半30問が3択の選択式です。数字や単語がたくさん出てきて混乱してしまうかもしれませんが、よく出るテーマは安定しています。どのような数字や単語が問われやすいかを意識しつつ、それらが人生のどのようなシーンでの話かをイメージしながら学習すると、記憶に定着しやすくなります。

ほんださんの
合格テク

模試は2回解く

本書の模試は必ず2回目を解くようにしておきましょう。「もう解答も知っている同じ問題を2回解いて意味があるの？」と思われるかもしれませんが、様々なメリットがあります。

①本当に覚えているか確認できる

本番試験で一番避けたいミスは「見たことあるけど忘れた」という状況です。このような悔しい思いを防ぐために、2回目を解くことで本当に理解し、自分で答えを導き出せるかチェックすることができます。

②高得点が取れるので自信がつく

一般的に初回より2回目、3回目に解いたときの方が得点は高くなると思います。可能であれば本番試験の直前に2回目を解き、「自分は合格点を取れる人間だ！」と自信をつけて試験会場に行くのがよいでしょう。

 論点のツボ

1．ライフプランニングと資金計画

- ・FP の倫理と関連法規　　・年金（国民年金、厚生年金）　　・医療保険
- ・介護保険、雇用保険　　・住宅資金、教育資金、6 つの係数

2．リスク管理

- ・生命保険、損害保険（地震、傷害など）
- ・保険関連のルール（払済保険、延長保険、自動振替貸付など）
- ・保険の税金（保険料・保険金の税務）
- ・保険業法など関連法規

3．金融資産運用

- ・金融商品（債券、株式、投資信託、外貨）
- ・ポートフォリオ理論とデリバティブ
- ・各経済指標（定義と発表元）

4．タックスプランニング

- ・所得税（所得、損益通算、所得控除、税額控除、確定申告、青色申告までの流れ）、非課税所得、所得の 10 分類（特に不動産・一時・退職所得）

5．不動産

- ・不動産の法律（建築基準法、借地借家法、不動産登記法など）
- ・不動産の税金（取得・保有・譲渡に係る税金）
- ・不動産への投資利回り計算

6．相続・事業承継

- ・相続関連の法律（特に相続分、遺言、遺留分、相続放棄）
- ・贈与税（基礎・配偶者控除、相続時精算課税制度）
- ・相続税（課税・非課税、基礎控除、配偶者の税額軽減、申告期限）
- ・財産評価（不動産、小規模宅地等の特例、上場株式）

FP3級 実技
資産設計提案業務の
重要論点はコレ！

ほんださん
爆速合格のツボ

問題数が20問で、すべての問題が3択の選択式となっています。20問のうち計算問題が半分強を占めており、出題形式もパターン化しているため、安定して得点を取ることができます。解けなかった計算問題のパターンを復習し、計算問題では満点を取る気持ちで勉強を進めていきましょう。

試験本番は問題を品定めするつもりで

試験はどうしても受験生が試されているものと考え、緊張してしまうかと思います。そこで私としては、試験当日は「出題者が作成した問題を採点しに行く」くらいの心持ちがオススメです。解いたことのある問題が出たら「また同じ問題出してるなぁ」と笑ってみたり、見たことない問題があったら「こんな難しいの出して合格率下げようとしているなぁ」と分析してみたり。一回冷静になると、今までの学習の成果が落ち着いて発揮できると思います。

論点のツボ

1．ライフプランニングと資金計画

- ・FP の職業倫理・業務範囲と各業法
- ・キャッシュフロー表の計算、バランスシート
- ・6 つの係数
- ・公的年金（老齢基礎年金の計算、繰上げ・繰下げ支給、遺族年金）
- ・介護保険制度

2．リスク管理

- ・保険証券の読み解き
- ・生命保険金と税金
- ・損害保険（火災、地震、傷害、個人賠償責任）

3．金融資産運用

- ・株式投資の指標
- ・新 NISA
- ・投資信託（手数料、分配金、税金）

4．タックスプランニング

- ・所得税額の計算　　・医療費控除　　・住宅ローン控除
- ・退職所得　　　　　・総所得金額

5．不動産

- ・建蔽率と容積率　　・建築基準法（セットバック・接道義務）
- ・不動産登記　　　　・不動産売却時の税金

6．相続・事業承継

- ・相続人　　　　　　・相続分　　　　　・相続の手続き
- ・贈与税（基礎控除、配偶者控除）　　　・遺言

FP 3 級 実技 個人資産相談業務の 重要論点はコレ！

ほんださん
爆速合格のツボ

　5つある各大問の中に3択の選択式である小問が3問ずつある形式です。各大問のうち1～2問が計算問題となっていますが、計算問題は何度も出題実績があり、問われ方がパターン化しているため、安定して得点を取ることができます。まずは計算問題で満点を取れるように反復演習し、次に知識問題を一つずつ覚えていく方法が合格への近道です。

CBT 試験はラッキーだと思おう！

今年度から FP 3 級は、全面的に CBT 試験に移行されました。CBT 試験は、受検する機会も少ないので、苦手に感じる方が多いと思いますが、一度体験すれば、受検者にとって有利なことが多いと気がつきます。まず、自分のタイミングで「いつでも」、自分の好きな場所で「どこでも」、万が一失敗しても、すぐに申し込めて「何度でも」受検できます。あとは CBT 画面や、解答の仕方、振り返りの仕方、そして（いまひとつ使いにくい）画面上の電卓の操作に慣れること。ぜひ「CBT 体験模試」を活用して、「ラッキー！」と思えるようになりましょう。

論点のツボ

1．ライフプランニングと資金計画

- ・老齢基礎年金の計算　　　・老齢厚生年金の受給要件
- ・繰上げ支給・繰下げ支給
- ・公的医療保険（高額療養費、傷病手当、任意継続被保険者）
- ・遺族年金（基礎、厚生）　　・介護保険制度

2．金融資産運用

- ・株式指標（PER、PBR、ROE、配当利回り）
- ・新 NISA　　　　　　　・株式の税金
- ・株式の売買ルール（権利確定日、指値・成行注文、委託手数料）
- ・投資信託（手数料）　　・外貨建て金融商品

3．タックスプランニング

- ・総所得金額の計算（給与所得、一時所得、雑所得など）
- ・所得控除（配偶者控除、扶養控除、医療費控除など）
- ・確定申告（申告期限、確定申告）
- ・不動産所得の損益通算
- ・青色申告

4．不動産

- ・建蔽率（緩和措置含む）　　・容積率（前面道路の幅員などの要件）
- ・土地の有効活用　　　　　・固定資産税
- ・居住用財産、空き家の譲渡所得

5．相続・事業承継

- ・相続税の基礎控除、総額計算　・小規模宅地等の特例
- ・遺言、遺留分、相続後の手続き　・配偶者の税額軽減
- ・贈与税の計算　　　　　　　　・生命保険の非課税

FP３級 実技
保険顧客資産相談業務の
重要論点はコレ！

ほんださん
爆速合格のツボ

　５つある各大問の中に３択の選択式である小問が３問ずつある形式です。各大問の中の１問が計算問題となっていますが、計算問題は何度も出題実績があり、問われ方がパターン化しているため、安定して得点を取ることができます。パターンごとに問題文のどこから数字を取ってくるか、用いる計算式は何か、という解き方の流れをはじめにマスターしましょう。

３分の１しかわからなくても合格できる

わからない問題が続いて本番試験で焦ってしまったら、６割なんてわからなくても合格できることを思い出してください。たしかにFP試験は６割が合格ラインですが、問題は選択式です。例えば学科試験の場合、60問中20問しか確実な答えがわからなくても、残りの２択の○×式は２分の１の確率、３択の選択式も選択肢を絞っていけば２分の１に近い確率で正解できるため、36点には到達します。わからなくても焦らず、今までの学習を思い出して１問１問を集中して解き進めていきましょう。

論点のツボ

1．ライフプランニングと資金計画

- ・老齢基礎年金の計算
- ・老後資金（付加年金、国民年金基金、小規模企業共済、確定拠出年金など）
- ・遺族基礎年金、遺族厚生年金
- ・公的医療保険、公的介護保険

2．リスク管理

- ・公的医療（高額療養費、傷病手当、任意継続被保険者）
- ・公的介護保険
- ・生命保険、第三分野の保険の特徴
- ・生命保険（約款、保険料控除、税金）
- ・退職所得
- ・法人契約の生命保険（経理処理、特徴、活用法）

3．タックスプランニング

- ・総所得金額の計算（給与所得、一時所得）
- ・所得控除
（配偶者控除、扶養控除、医療費控除、社会保険料控除、住宅ローン控除）
- ・確定申告

4．相続・事業承継

- ・生命保険金の非課税
- ・相続税の総額
- ・遺言
- ・相続分、遺留分
- ・相続税の基礎控除
- ・小規模宅地等の特例
- ・相続後の手続き
- ・配偶者の税額軽減

Contents

問題編

【分冊①】　学科試験　チャレンジ **1**

　　　　　　学科試験　チャレンジ **2**

　　　　　　学科試験　チャレンジ **3**

【分冊②】　実技試験［日本 FP 協会］資産設計提案業務　チャレンジ **1**

　　　　　　実技試験［日本 FP 協会］資産設計提案業務　チャレンジ **2**

【分冊③】　実技試験［金財］個人資産相談業務　チャレンジ **1**

　　　　　　実技試験［金財］個人資産相談業務　チャレンジ **2**

【分冊④】　実技試験［金財］保険顧客資産相談業務　チャレンジ **1**

　　　　　　実技試験［金財］保険顧客資産相談業務　チャレンジ **2**

解答用紙編 （各2部あります。切り取ってご使用ください。）

学科試験　チャレンジ **1**・チャレンジ **2**・チャレンジ **3**

実技試験　［日本 FP 協会］資産設計提案業務　チャレンジ **1**・**2**

　　　　　［金財］個人資産相談業務　チャレンジ **1**・**2**

　　　　　［金財］保険顧客資産相談業務　チャレンジ **1**・**2**

解答 & 解説編

ほんだ式 / 上手に本書を使い倒して合格に近づくやり方！

ほんださんオススメ/本書を使った効果的合格アプローチ法

試験前の大切な時間を使って挑戦する模試の問題、せっかくなら本番試験の得点アップにつなげたいですよね？　ここでは本書を120％活用するための活用法・復習術をお伝えします。

1 模試にチャレンジ！

自分が受検する試験の1回目の問題を解きましょう。学科・実技の各試験の1回目は、数ある過去問の中から「受験生の実力アップにつながる！」と、ほんださん自ら厳選した問題となっています。今までの学習で培った知識を使って、全力で取り組んでみましょう。

模試を解くときのポイント

ポイント1：本番試験と同じ環境・時間で解く

模試を解くときは本番の試験会場と同じく集中できる環境を作りましょう。必ず試験時間内で解くようにしましょう。
そして「CBT体験模試」をフル活用して、『CBTが得意！』と思うまで何度も体験しましょう。

ポイント2：しっかり解けたか、わからなかったかチェックをつける

模試を解く段階では解答番号に加えて自分の自信度も書き込むのがオススメです。例えば学科試験なら、3択すべてを自信もって選べた問題に○、わからない選択肢があった問題に△、全くわからずとりあえずマークした問題に×をつける、という方法があります。この書き込みを行うことで、自分がわからなかった部分だけを重点的に復習でき、学習時間を大幅に短縮することができます！

❷ ほんださんのYouTubeチャンネルへアクセス

ほんださんがチョイスした問題の中で特に重要な問題は、ほんださんのYouTube
チャンネルで解説しています。解説動画では、単なる正解・不正解の解説だけで
はなく、問題全体の傾向から受験生が知っておくべきアドバイスや、各問題を解
く上で知っておくべきエッセンスを凝縮してお伝えしています。本番試験で同じ
ミスでの失点を防止し、総得点アップを目指すためにも、模試の解説と並行して
活用していきましょう！

ほんださん / 東大式 FP チャンネル
2024 年過去問厳選模試解説

https://lec.jp/fp/book/member/PD09786.html

❸ 「FP合格爆速講義」で知識を振り返る

試験日まで時間があれば、自分が弱点だと思った分野・テーマについてほんださ
んの「FP合格爆速講義」を視聴しましょう。間違えた知識を単体で復習するだけ
でなく、動画内で周辺の知識と一緒に結び付けて覚えることで、強固な知識とし
て記憶に定着していきます。

ほんださん / 東大式 FP チャンネル
https://www.youtube.com/@HondaFP

❹ 模試に再チャレンジ

1回目を解いた後に、1〜2週間くらいの間隔を空けて、もう一度同じ問題を解
いてみましょう。もし2回目に間違えてしまった問題があっても、全く気にする
必要はありません。むしろ本当の弱点を知ることができた大チャンスです！　本
番で出題された場合は絶対落とさない覚悟で、復習しましょう。

❺ CBT体験模試で本試験形式に備えよう

本番のCBT方式では、画面上で問題を解くため、問題文に書き込みをすることが
できません。試験本番に焦ってしまい、問題文を読み違える可能性もあります。
CBT方式試験の受検が初めての方は、画面で操作する電卓に慣れること、誤クリッ
クに注意することなど、事前の備えが大切です。このCBT体験模試を活用して、
本試験にのぞんでください。
「ここまでやっていれば、あとは本番で実力を発揮するだけです。絶対に合格をつ
かみ取っていきましょう！」

書籍購入者限定特典

「CBT体験模試」にチャレンジしよう!

本書の購入者特典として、「CBT体験模試」学科試験および実技試験3種類をフル搭載したプログラムを2回分提供しております。本書のほんださんFPチョイスの1回分と、LECトリセツ3冊(速習テキスト、速習問題集、過去問厳選模試)共通のCBT体験模試の1回分です。

本試験の臨場感を自宅のパソコンで体験できます!

繰り返し何度も、模試にチャレンジしよう!

「解答用紙」・「論点チェック表」のPDFを特設サイトにご用意しております。

自信がつくまで何度もチャレンジしましょう。

アクセスはこちらから

https://lec.jp/fp/book/member/PD09786.html

※公開開始・終了日については、専用サイトにてご案内いたします。

問題編　分冊❶

学科試験　チャレンジ　1
学科試験　チャレンジ　2
学科試験　チャレンジ　3

1　この表紙（色紙）を残したまま問題冊子を取り外してください。
　　「問題冊子」は、チャレンジ1、チャレンジ2、チャレンジ3の
　　順にとじてあります。
2　解答用紙は、「解答＆解説編」の前にとじてあります。
　　切り取ってご使用ください。

「問題冊子」の取り外し方

①この色紙を残し、「問題冊子」だけをつかんでください。
②「問題冊子」をしっかりとつかんだまま手前に引っ張って、
　取り外してください。

「問題冊子」　※チャレンジ1、チャレンジ2、チャレンジ3の順に
　　　　　　とじてあります。

※色紙と「問題冊子」は、のりで接着されていますので、丁寧に取り外
　してください。なお、取り外しの際の破損等による返品・交換には応
　じられませんのでご注意ください。

LEC東京リーガルマインド

**2024年度
ファイナンシャル・プランニング技能検定**

3級 学科試験

試験時間 ◆ 90分

《 注意事項 》

1. 本試験の出題形式は、正誤式30問、三答択一式30問です。
2. 携帯電話、筆記用具、計算機は自席（パソコンブース）への持込みはできません。メモ用紙、筆記用具はテストセンターで貸し出されます。計算機については、試験画面上に表示される電卓を利用することができます。
3. 試験問題については、特に指示のない限り、2024年4月1日現在施行の法令等に基づいて解答してください。

さあ、
始めるよ！

東京リーガルマインド

問1〜問30の各文章を読んで、正しいものまたは適切なものには○を、誤っている
ものまたは不適切なものには×を、選択してください。 〔30問〕

（1） 公的介護保険の第2号被保険者は、市町村または特別区の区域内に住所を有
する65歳以上の者である。 [2021年9月]

（2） 全国健康保険協会管掌健康保険の被保険者である会社員が、退職後に任意継
続被保険者となるためには、資格喪失日から14日以内に任意継続被保険者とな
るための申出をしなければならない。 [2020年9月]

（3） 老齢厚生年金の繰下げ支給の申出は、老齢基礎年金の繰下げ支給の申出と同
時に行う必要はない。 [2022年5月改題]

（4） 国民年金の第3号被保険者は、確定拠出年金の個人型年金の加入者となるこ
とはできない。 [2019年9月]

（5） 日本政策金融公庫の教育一般貸付（国の教育ローン）の使途は、入学金や授
業料などの学校納付金に限られ、受験費用や在学のために必要となる住居費用
などに利用することはできない。 [2023年5月]

（6） 延長保険とは、一般に、現在加入している生命保険の保険料の払込みを中止し、
その時点での解約返戻金を基に、元契約の保険金額を変えずに一時払いの定期
保険に変更する制度である。 [2022年5月改題]

（7） 一時払終身保険は、早期に解約した場合であっても、解約返戻金額が一時払
保険料相当額を下回ることはない。 [2021年1月]

（8） 自動車損害賠償責任保険（自賠責保険）では、被保険者自身が単独事故でケ
ガをした場合、その損害は補償の対象とならない。 [2022年9月]

（9） 家族傷害保険の被保険者の範囲には、被保険者本人と生計を共にする別居の
未婚の子も含まれる。 [2020年1月]

(10)　所得税において、個人が支払う地震保険の保険料は、5万円を限度として年間支払保険料の2分の1相当額が地震保険料控除の対象となる。　［2021年1月］

(11)　米国の市場金利が上昇し、日本と米国の金利差が拡大することは、一般に、米ドルと円の為替相場において米ドル安、円高の要因となる。　［2023年1月］

(12)　インデックス型投資信託は、日経平均株価や東証株価指数（TOPIX）などの特定の指標に連動するよう運用される投資信託である。　［2021年1月］

(13)　元金2,500,000円を、年利4％（1年複利）で3年間運用した場合の元利合計額は、税金や手数料等を考慮しない場合、2,812,160円である。　［2024年1月］

(14)　配当性向とは、当期純利益に占める配当金総額の割合を示す指標である。

　　　　　　　　　　　　　　　　　　　　　　　　　　　　　　　　　　　［2022年5月］

(15)　特定口座を開設している金融機関に、NISA口座（少額投資非課税制度における非課税口座）を開設した場合、特定口座内の株式投資信託をNISA口座に移管することができる。　［2022年1月］

(16)　所得税において、医療保険の被保険者が病気で入院したことにより受け取った入院給付金は、非課税である。　［2022年1月］

(17)　所得税において、事業的規模で行われている賃貸マンションの貸付による所得は、事業所得となる。　［2021年5月］

(18)　所得税において、国民年金基金の掛金は、社会保険料控除の対象となる。

　　　　　　　　　　　　　　　　　　　　　　　　　　　　　　　　　　　［2023年5月］

(19)　住宅ローンを利用して住宅を新築した個人が、所得税の住宅借入金等特別控除の適用を受けるためには、当該住宅を新築した日から1カ月以内に自己の居住の用に供さなければならない。　［2023年1月］

(20)　給与所得者のうち、その年中に支払を受けるべき給与の収入金額が 1,000 万円を超える者は、所得税の確定申告をしなければならない。　[2020 年 1 月]

(21)　不動産登記には公信力が認められていないため、登記記録上の権利者が真実の権利者と異なっている場合に、登記記録を信じて不動産を購入した者は、原則として、その不動産に対する権利の取得について法的に保護されない。

[2023 年 5 月]

(22)　借地借家法において、事業用定期借地権等の設定を目的とする契約は、公正証書によってしなければならない。　[2023 年 1 月]

(23)　都市計画法において、市街化調整区域とは、おおむね 10 年以内に計画的に市街化を図るべき区域である。　[2021 年 5 月]

(24)　不動産取得税は、相続人が不動産を相続により取得した場合には課されない。

[2024 年 1 月]

(25)　「居住用財産を譲渡した場合の 3,000 万円の特別控除」は、自己が居住していた家屋を配偶者や子に譲渡した場合には、適用を受けることができない。

[2022 年 9 月]

(26)　個人間において著しく低い価額で財産の譲渡が行われた場合、原則として、その譲渡があった時の譲渡財産の時価と支払った対価との差額に相当する金額について、贈与税の課税対象となる。　[2020 年 9 月]

(27)　子が父親からの贈与により取得した財産について相続時精算課税の適用を受けた場合、その適用を受けた年以後、子は父親からの贈与により取得した財産について暦年課税を選択することはできない。　[2021 年 9 月]

(28)　協議分割は、共同相続人全員の協議により遺産を分割する方法であり、その分割割合については、必ずしも法定相続分に従う必要はない。　[2022 年 9 月]

(29)　相続人が負担した被相続人の葬式の際の香典返戻費用は、相続税の課税価格の計算上、葬式費用として控除することができる。　　　　　　［2021年5月］

(30)　相続税額の計算において、「配偶者に対する相続税額の軽減」の適用を受けるためには、その適用を受けることにより納付すべき相続税額が算出されない場合であっても、相続税の申告書を提出しなければならない。　　　　［2022年9月］

問31～問60の各文章の（　　）内にあてはまる最も適切な文章、語句、数字またはそれらの組合せを1）～3）のなかから選択してください。〔30問〕

(31)　900万円を準備するために、15年間、毎年均等に積み立て、利率（年率）1％で複利運用する場合、必要となる毎年の積立金額は、下記の＜資料＞の係数を使用して算出すると（　　）である。　　　　［2020年9月］

＜資料＞利率（年率）1％・期間15年の各種係数

現価係数	資本回収係数	減債基金係数
0.8613	0.0721	0.0621

1)　516,780円
2)　558,900円
3)　600,000円

(32)　雇用保険の基本手当を受給するためには、倒産、解雇および雇止めなどの場合を除き、原則として、離職の日以前（①）に被保険者期間が通算して（②）以上あることなどの要件を満たす必要がある。　　　　［2022年9月］
1)　①　1年間　　　②　6カ月
2)　①　2年間　　　②　6カ月
3)　①　2年間　　　②　12カ月

(33)　国民年金の被保険者が学生納付特例制度の適用を受けた期間は、その期間に係る保険料を追納しない場合、老齢基礎年金の受給資格期間（①）、老齢基礎年金の年金額（②）。　　　　［2021年5月］
1)　①に算入され②にも反映される
2)　①に算入されず②にも反映されない
3)　①には算入されるが②には反映されない

(34) 遺族厚生年金の額（中高齢寡婦加算額および経過的寡婦加算額を除く）は、原則として、死亡した者の厚生年金保険の被保険者記録を基礎として計算した老齢厚生年金の報酬比例部分の額の（　　）に相当する額である。　[2022年1月]
1) 2分の1
2) 3分の2
3) 4分の3

(35) 住宅ローンの返済方法のうち、元利均等返済は、毎月の返済額が一定で、返済期間の経過とともに毎月の元金部分の返済額が（　①　）返済方法であり、総返済金額は、他の条件が同一である場合、通常、元金均等返済よりも（　②　）。
[2023年1月]
1) ① 減少する　　　② 多い
2) ① 増加する　　　② 多い
3) ① 増加する　　　② 少ない

(36) 生命保険会社が（　　）を引き上げた場合、通常、その後の終身保険の新規契約の保険料は安くなる。　[2023年5月]
1) 予定利率
2) 予定死亡率
3) 予定事業費率

(37) 団体を契約者（＝保険料負担者）とし、その所属員を被保険者とする1年更新の定期保険であり、福利厚生規程等による保障の支払財源の確保を目的とした保険は、（　　）である。　[2020年1月]
1) 総合福祉団体定期保険
2) 団体定期保険（Bグループ保険）
3) 団体信用生命保険

(38) 地震保険の保険金額は、火災保険の保険金額の30%から50%の範囲内で設定されるが、居住用建物については（ ① ）、生活用動産（家財）については（ ② ）が上限となる。 [2022年1月]

1) ① 1,500万円 ② 300万円

2) ① 3,000万円 ② 500万円

3) ① 5,000万円 ② 1,000万円

(39) 歩行中に交通事故でケガをし、加害車両の運転者が加入していた自動車保険の対人賠償保険から受け取った保険金は、所得税において、（ ）とされる。 [2022年9月]

1) 一時所得

2) 雑所得

3) 非課税所得

(40) リビング・ニーズ特約は、（ ① ）、被保険者の余命が（ ② ）以内と判断された場合に、所定の範囲内で死亡保険金の一部または全部を生前に受け取ることができる特約である。 [2023年1月]

1) ① 病気やケガの種類にかかわらず ② 6カ月

2) ① 病気やケガの種類にかかわらず ② 1年

3) ① 特定疾病に罹患したことが原因で ② 1年

(41) 景気動向指数において、（ ）は、一致系列に採用されている。 [2021年5月]

1) 完全失業率

2) 新規求人数（除学卒）

3) 有効求人倍率（除学卒）

(42) 表面利率（クーポンレート）1％、残存期間2年の固定利付債券を額面100円当たり99円で購入した場合の最終利回り（年率・単利）は、（ ）である。なお、税金等は考慮しないものとし、計算結果は表示単位の小数点以下第3位を四捨五入している。 [2022年5月]

1) 1.50%

2) 1.52%

3) 2.02%

(43) 追加型株式投資信託を基準価額1万4,000円で1万口購入した後、最初の決算時に1万口当たり300円の収益分配金が支払われ、分配落ち後の基準価額が1万3,800円となった場合、その収益分配金のうち、普通分配金は（ ① ）であり、元本払戻金（特別分配金）は（ ② ）である。 [2021年1月]

1) ① 0円 ② 300円
2) ① 100円 ② 200円
3) ① 200円 ② 100円

(44) 個人向け国債は、金利の下限が年（ ① ）とされ、購入単価は最低（ ② ）から（ ② ）単位である。 [2020年1月]

1) ① 0.03% ② 10万円
2) ① 0.05% ② 1万円
3) ① 0.05% ② 10万円

(45) 外貨預金の預入時において、預入金融機関が提示する（ ）は、預金者が円貨を外貨に換える際に適用される為替レートである。 [2023年9月]

1) TTB
2) TTM
3) TTS

(46) 給与所得者が25年間勤務した会社を定年退職し、退職金2,000万円の支給を受けた場合、所得税における退職所得の金額の計算上、退職所得控除額は、（ ）となる。 [2021年5月]

1) $\{800万円 + 70万円 × （25年 - 20年）\} × \dfrac{1}{2} = 575万円$
2) 800万円 + 40万円 × （25年 - 20年） = 1,000万円
3) 800万円 + 70万円 × （25年 - 20年） = 1,150万円

(47) 日本国内において支払を受ける預貯金の利子は、原則として、所得税および復興特別所得税と住民税の合計で（ ① ）の税率による（ ② ）分離課税の対象となる。 [2024年1月]

1) ① 10.21% ② 申告
2) ① 20.315% ② 申告
3) ① 20.315% ② 源泉

(48) Aさんの本年分の各種所得の金額が下記の<資料>のとおりであった場合、損益通算後の総所得金額は（　　　）となる。なお、各種所得の金額に付されている「▲」は、その所得に損失が生じていることを表すものとする。

［2019年9月改題］

<資料> Aさんの各種所得の金額

不動産所得の金額	750万円
雑所得の金額	▲50万円
事業所得の金額（株式等に係るものを除く）	▲150万円

1) 550万円
2) 600万円
3) 700万円

(49) 所得税において、控除対象扶養親族のうち、その年の12月31日時点の年齢が19歳以上23歳未満である特定扶養親族に係る扶養控除の額は、1人につき（　　　）である。

［2022年5月］

1) 38万円
2) 48万円
3) 63万円

(50) 年末調整の対象となる給与所得者は、年末調整により、（　　　）の適用を受けることができる。

［2020年9月改題］

1) 生命保険料控除
2) 雑損控除
3) 医療費控除

(51) 相続税路線価は、相続税や（　①　）を算定する際の土地等の評価額の基準となる価格であり、地価公示法による公示価格の（　②　）を価格水準の目安として設定される。

［2022年5月］

1) ①　不動産取得税　　②　70％
2) ①　贈与税　　②　70％
3) ①　贈与税　　②　80％

(52) 不動産の売買契約において、買主が売主に解約手付を交付した場合、売主は、（ ① ）が契約の履行に着手するまでは、受領した手付（ ② ）を買主に提供することで、契約の解除をすることができる。 [2022年1月]

1) ① 買主 ② と同額
2) ① 買主 ② の倍額
3) ① 売主 ② と同額

(53) 建物の区分所有等に関する法律（区分所有法）上、集会においては、区分所有者および議決権の各（ ）以上の多数により、区分所有建物を取り壊し、その敷地上に新たに建物を建築する旨の決議（建替え決議）をすることができる。 [2021年9月]

1) 3分の2
2) 4分の3
3) 5分の4

(54) 市街化区域内において、所有する農地を自宅の建築を目的として宅地に転用する場合、あらかじめ（ ）に届出をすれば都道府県知事等の許可は不要である。 [2023年5月]

1) 農業委員会
2) 市町村長
3) 国土交通大臣

(55) 土地の有効活用方式のうち、一般に、土地所有者が土地の全部または一部を拠出し、デベロッパーが建設費等を拠出して、それぞれの出資比率に応じて土地・建物に係る権利を取得する方式を、（ ）という。 [2020年9月]

1) 等価交換方式
2) 事業受託方式
3) 建設協力金方式

(56) 贈与税の申告書は、原則として、贈与を受けた年の翌年の（ ① ）から３月
15日までの間に、（ ② ）の住所地を所轄する税務署長に提出しなければならな
い。 [2022年1月]
1) ① 2月1日 ② 受贈者
2) ① 2月16日 ② 贈与者
3) ① 2月16日 ② 受贈者

(57) 個人が法人からの贈与により取得する財産は、（ ） の課税対象となる。
[2023年5月]
1) 法人税
2) 贈与税
3) 所得税

(58) 公正証書遺言は、証人２人以上の立会いのもと、遺言者が遺言の趣旨を公証
人に口授し、公証人がそれを筆記して作成される遺言であり、相続開始後に
（ ① ）における検認手続が（ ② ）である。 [2022年5月]
1) ① 家庭裁判所 ② 不要
2) ① 家庭裁判所 ② 必要
3) ① 公証役場 ② 必要

(59) 下記の＜親族関係図＞において、Ａさんの相続における妻Ｂさんの法定相続
分は、（ ） である。 [2021年9月]
＜親族関係図＞

1) ２分の１
2) ３分の２
3) ４分の３

（60）　自用地としての価額が 5,000 万円、借地権割合が 70％、借家権割合が 30％、賃貸割合が 100％の貸家建付地の相続税評価額は、（　　）である。　［2021 年 1 月］

1)　1,500 万円
2)　3,500 万円
3)　3,950 万円

2024年度
ファイナンシャル・プランニング技能検定

３級 学科試験

試験時間 ◆ 90分

―――――― 《 注 意 事 項 》 ――――――

1. 本試験の出題形式は、正誤式30問、三答択一式30問です。

2. 携帯電話、筆記用具、計算機は自席（パソコンブース）への持込みはできません。メモ用紙、筆記用具はテストセンターで貸し出されます。計算機については、試験画面上に表示される電卓を利用することができます。

3. 試験問題については、特に指示のない限り、2024年4月1日現在施行の法令等に基づいて解答してください。

では、
始めます！

東京リーガルマインド

問1～問30の各文章を読んで、正しいものまたは適切なものには○を、誤っているものまたは不適切なものには×を、選択してください。 〔30問〕

（1）　税理士資格を有しないファイナンシャル・プランナーが、顧客に対して、所得税の医療費控除について法律の条文を基に一般的な説明を行う行為は、税理士法に抵触する。　　　　　　　　　　　　　　　　　　　　　　　[2022年9月]

（2）　労働者災害補償保険の保険料は、その全額を事業主が負担する。　[2021年5月]

（3）　国民年金の第1号被保険者は、日本国内に住所を有する20歳以上60歳未満の自営業者や学生などのうち、日本国籍を有する者のみが該当する。[2023年9月]

（4）　遺族基礎年金を受給することができる遺族は、国民年金の被保険者等の死亡の当時、その者によって生計を維持され、かつ、所定の要件を満たす「子のある配偶者」または「子」である。　　　　　　　　　　　　　　　[2022年5月]

（5）　住宅を取得する際に長期固定金利住宅ローンのフラット35（買取型）を利用するためには、当該住宅の建設費または購入価額が消費税相当額を含めて1億円以下である必要がある。　　　　　　　　　　　　　　　　　[2020年9月]

（6）　生命保険契約を申し込んだ者は、保険業法上、原則として、契約の申込日から8日以内であれば、口頭により申込みの撤回等をすることができる。
　　　　　　　　　　　　　　　　　　　　　　　　　　　　　　　[2020年1月]

（7）　変額個人年金保険は、特別勘定による運用実績によって、将来受け取る年金額や解約返戻金額が変動する。　　　　　　　　　　　　　　　[2023年1月]

（8）　生命保険契約において、契約者（＝保険料負担者）が夫、被保険者が妻、死亡保険金受取人が子である場合、被保険者の死亡により死亡保険金受取人が受け取る死亡保険金は、相続税の課税対象となる。　　　　　　　　　[2022年5月]

（9）　普通傷害保険（特約付帯なし）では、一般に、被保険者が細菌性食中毒により入院した場合は、保険金支払の対象となる。　　　　　　　　　[2021年9月]

(10)　医療保険に付加される先進医療特約において、先進医療給付金の支払対象とされている先進医療は、療養を受けた時点において厚生労働大臣によって定められているものである。
[2022年9月]

(11)　全国企業短期経済観測調査（日銀短観）は、企業間で取引されている財に関する物価の変動を測定した指標である。
[2021年1月]

(12)　債券の信用格付において、B（シングルビー）格相当以上の格付が付された債券は、一般に、投資適格債とされる。
[2022年9月]

(13)　株式投資信託の運用において、個別銘柄の投資指標の分析や企業業績などのリサーチによって投資対象とする銘柄を選定し、その積上げによりポートフォリオを構築する手法を、トップダウン・アプローチという。
[2024年1月]

(14)　新NISAのつみたて投資枠において、上場株式は投資対象商品とされていない。
[2022年9月改題]

(15)　金融商品取引法に定める適合性の原則により、金融商品取引業者等は、金融商品取引行為について、顧客の知識、経験、財産の状況および金融商品取引契約を締結する目的に照らして、不適当な勧誘を行ってはならないとされている。
[2020年9月]

(16)　所得税において、国債や地方債などの特定公社債の利子は、総合課税の対象となる。
[2023年5月]

(17)　確定拠出年金の個人型年金の老齢給付金を全額一時金で受け取った場合、当該老齢給付金は、一時所得として所得税の課税対象となる。
[2023年9月]

(18)　夫が生計を一にする妻の負担すべき国民年金の保険料を支払った場合、その支払った金額は、夫に係る所得税の社会保険料控除の対象となる。
[2023年1月]

(19)　上場不動産投資信託（J-REIT）の分配金は配当所得となり、所得税の配当控除の対象となる。
[2022年1月]

(20)　給与所得者は、年末調整により、所得税の医療費控除の適用を受けることができる。
［2022年1月］

(21)　土地および家屋に係る固定資産税評価額は、原則として、3年ごとの基準年度において評価替えが行われる。
［2021年5月］

(22)　借地借家法の規定では、定期建物賃貸借契約（定期借家契約）において、貸主に正当の事由があると認められる場合でなければ、貸主は、借主からの契約の更新の請求を拒むことができないとされている。
［2020年9月］

(23)　都市計画法によれば、市街化区域については、用途地域を定めるものとし、市街化調整区域については、原則として用途地域を定めないものとされている。
［2023年9月］

(24)　「居住用財産を譲渡した場合の3,000万円の特別控除」の適用が受けられるのは、譲渡した日の属する年の1月1日において、所有期間が5年を超える居住用財産を譲渡した場合に限られる。
［2022年5月］

(25)　都市計画区域内にある幅員4m未満の道で、建築基準法第42条第2項により道路とみなされるものについては、原則として、その中心線からの水平距離で2m後退した線がその道路の境界線とみなされる。
［2023年1月］

(26)　定期贈与とは、贈与者が受贈者に対して定期的に財産を給付することを目的とする贈与をいい、贈与者または受贈者の死亡によって、その効力を失う。
［2023年1月］

(27)　自筆証書遺言書保管制度を利用して、法務局（遺言書保管所）に保管されている自筆証書遺言については、家庭裁判所による検認の手続を要しない。
［2023年5月］

(28)　法定相続人である被相続人の兄が相続により財産を取得した場合、その者は相続税額の2割加算の対象となる。
［2021年9月］

(29) 相続税額の計算上、遺産に係る基礎控除額を計算する際の法定相続人の数は、相続人のうちに相続の放棄をした者がいる場合であっても、その放棄がなかったものとしたときの相続人の数とされる。 ［2024年1月］

(30) 個人が、自己が所有する土地に賃貸マンションを建築して賃貸の用に供した場合、相続税額の計算上、当該敷地は貸宅地として評価される。 ［2022年5月］

問31～問60の各文章の（　　）内にあてはまる最も適切な文章、語句、数字または
それらの組合せを1）～3）のなかから選択してください。　　　　　　〔30問〕

(31)　元金を一定期間、一定の利率で複利運用して目標とする額を得るために、運
　　　用開始時点で必要な元金の額を試算する際、目標とする額に乗じる係数は、
　　　（　　）である。　　　　　　　　　　　　　　　　　　　　　〔2023年1月〕
1)　現価係数
2)　減債基金係数
3)　資本回収係数

(32)　全国健康保険協会管掌健康保険に任意継続被保険者として加入することがで
　　　きる期間は、任意継続被保険者となった日から最長で（　　）である。
　　　　　　　　　　　　　　　　　　　　　　　　　　　　　　〔2021年9月〕
1)　1年間
2)　2年間
3)　5年間

(33)　国民年金の付加年金の額は、65歳から老齢基礎年金を受給する場合、（　　）
　　　に付加保険料に係る保険料納付済期間の月数を乗じて得た額である。
　　　　　　　　　　　　　　　　　　　　　　　　　　　　　　〔2022年9月〕
1)　200円
2)　300円
3)　400円

(34)　子のいない障害等級1級に該当する者に支給される障害基礎年金の額は、子
　　　のいない障害等級2級に該当する者に支給される障害基礎年金の額の（　　）
　　　に相当する額である。　　　　　　　　　　　　　　　　　　〔2022年5月〕
1)　0.75倍
2)　1.25倍
3)　1.75倍

(35) 貸金業法の総量規制により、個人が貸金業者による個人向け貸付を利用する場合の借入合計額は、原則として、年収の（　　）以内でなければならない。

［2023年5月］

1)　2分の1
2)　3分の1
3)　4分の1

(36) ソルベンシー・マージン比率は、保険会社が、通常の予測を超えて発生するリスクに対し、保険金等の支払余力をどの程度有するかを示す指標であり、この値が（　　）を下回ると、監督当局による早期是正措置の対象となる。

［2021年5月］

1)　200%
2)　250%
3)　300%

(37) 所得税において、個人が2024年中に締結した生命保険契約に基づく支払保険料のうち、（　　）に係る保険料は、介護医療保険料控除の対象となる。

［2021年5月改題］

1)　先進医療特約
2)　傷害特約
3)　定期保険特約

(38) 養老保険の福利厚生プランでは、契約者（＝保険料負担者）および満期保険金受取人を法人、被保険者を（ ① ）、死亡保険金受取人を被保険者の遺族とすることにより、支払保険料の（ ② ）を福利厚生費として損金の額に算入することができる。

［2019年9月］

1)　①　役員　　　　　　　　　　②　3分の1相当額
2)　①　役員および従業員全員　　②　2分の1相当額
3)　①　従業員全員　　　　　　　②　全額

(39)　個人賠償責任保険（特約）では、被保険者が、（　　）、法律上の損害賠償責任を負うことによって被る損害は、補償の対象とならない。　　　［2022年5月］

1)　自宅のベランダから誤って植木鉢を落として駐車中の自動車を傷付けてしまい

2)　買い物中に誤って商品を落として破損させてしまい

3)　業務中に自転車で歩行者に衝突してケガをさせてしまい

(40)　がん保険では、一般に、（　　）程度の免責期間が設けられており、この期間中にがんと診断されたとしても診断給付金は支払われない。　　　［2023年5月］

1)　90日

2)　120日

3)　180日

(41)　全国の世帯が購入する家計に係る財およびサービスの価格等を総合した物価の変動を時系列的に測定する（　　）は、総務省が公表している。　　　［2019年5月］

1)　景気動向指数

2)　消費者物価指数

3)　消費者態度指数

(42)　固定利付債券は、一般に、市場金利が上昇すると債券価格が（ ① ）し、債券の利回りは（ ② ）する。　　　［2022年5月］

1)　①　上昇　　　　②　上昇

2)　①　上昇　　　　②　低下

3)　①　下落　　　　②　上昇

(43)　投資信託の運用において、企業の成長性が市場平均よりも高いと見込まれる銘柄に投資する手法を、（　　）という。　　　［2023年1月］

1)　パッシブ運用

2)　バリュー運用

3)　グロース運用

(44)　株式の投資指標として利用される ROE は、（　①　）を（　②　）で除して算出される。　　　　　　　　　　　　　　　　　　　　　　　　　　　　　　[2023年9月]

1)　①　当期純利益　　②　自己資本
2)　①　当期純利益　　②　総資産
3)　①　営業利益　　　②　総資産

(45)　預金保険制度の対象金融機関に預け入れた（　　　）は、預入金額の多寡にかかわらず、その全額が預金保険制度による保護の対象となる。　　　[2022年9月]

1)　決済用預金
2)　譲渡性預金
3)　定期預金

(46)　固定資産のうち、（　　　）は減価償却の対象とされない資産である。

　　　　　　　　　　　　　　　　　　　　　　　　　　　　　　　　[2022年9月]

1)　ソフトウエア
2)　土地
3)　建物

(47)　所得税の確定申告をしなければならない者は、原則として、所得が生じた年の翌年の（　①　）から（　②　）までの間に、納税地の所轄税務署長に対して確定申告書を提出しなければならない。　　　　　　　　　　　　　[2021年9月]

1)　①　2月1日　　　②　3月15日
2)　①　2月16日　　②　3月15日
3)　①　2月16日　　②　3月31日

(48)　本年5月に加入した契約者（＝保険料負担者）および被保険者を夫、死亡保険金受取人を妻とする終身保険の保険料を、本年中に12万円支払った場合、夫に係る所得税の生命保険料控除の控除額は（　　　）となる。　　[2022年1月改題]

1)　4万円
2)　5万円
3)　12万円

(49) 所得税の住宅借入金等特別控除の適用を受けるためには、原則として、取得等した家屋の床面積が（ ① ）以上で、かつ、その（ ② ）以上に相当する部分が専ら自己の居住の用に供されるものでなければならない。　　[2020年1月]

1) ① 50㎡　　② 2分の1
2) ① 60㎡　　② 3分の2
3) ① 70㎡　　② 4分の3

(50) 所得税において、上場株式の配当について配当控除の適用を受けるためには、その配当所得について（ ）を選択する必要がある。　　[2023年1月]

1) 総合課税
2) 申告分離課税
3) 確定申告不要制度

(51) 土地の登記記録において、（ ① ）に関する事項は権利部（甲区）に記録され、（ ② ）に関する事項は権利部（乙区）に記録される。　　[2022年9月]

1) ① 所有権　　② 抵当権
2) ① 賃借権　　② 抵当権
3) ① 賃借権　　② 所有権

(52) 土地の売買において、所有権の移転が発生したものの、登記申請に必要な書類が提出できないなどの手続上の要件が備わっていない場合、仮登記をすることができる。この仮登記をすることで、その後に行う本登記の順位は（ ① ）、所有権の移転を第三者に対抗すること（ ② ）。　　[2019年5月]

1) ① 保全され　　② ができる
2) ① 保全されるが　　② はできない
3) ① 保全されないが　　② はできる

(53) 所得税において、「特定の居住用財産の買換えの場合の長期譲渡所得の課税の特例」の適用を受けるためには、譲渡資産の譲渡対価の額が（ ）以下でなければならない。　　[2019年9月]

1) 6,000万円
2) 8,000万円
3) 1億円

(54) 建築基準法によれば、第一種低層住居専用地域内の建築物の高さは、原則として（　　）のうち当該地域に関する都市計画において定められた建築物の高さの限度を超えてはならないとされている。 [2023年5月]

1) 10 mまたは12 m
2) 10 mまたは20 m
3) 12 mまたは15 m

(55) 投資総額1億2,000万円で購入した賃貸用不動産の年間収入の合計額が1,050万円、年間費用の合計額が300万円である場合、この投資の純利回り（NOI利回り）は、（　　）である。 [2023年1月]

1) 2.50%
2) 6.25%
3) 8.75%

(56) 個人が死因贈与によって取得した財産は、課税の対象とならない財産を除き、（　　）の課税対象となる。 [2022年5月]

1) 贈与税
2) 相続税
3) 所得税

(57) 下記の＜親族関係図＞において、Aさんの相続における長男Cさんの法定相続分は、（　　）である。 [2022年9月]

＜親族関係図＞

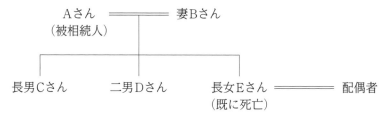

1) 3分の1
2) 4分の1
3) 6分の1

(58) 相続人が相続の放棄をするには、原則として、自己のために相続の開始があったことを知った時から（ ① ）以内に、（ ② ）にその旨を申述しなければならない。

［2022年5月］

1) ① 3カ月　　　② 家庭裁判所
2) ① 3カ月　　　② 所轄税務署長
3) ① 6カ月　　　② 所轄税務署長

(59) 本年5月11日に死亡したAさんが所有していた上場株式Xを相続により取得した場合の1株当たりの相続税評価額は、下記の＜資料＞によれば、（　　）である。

［2021年5月改題］

＜資料＞上場株式Xの価格

本年3月の毎日の最終価格の月平均額	540円
本年4月の毎日の最終価格の月平均額	600円
本年5月の毎日の最終価格の月平均額	620円
本年5月11日の最終価格	600円

1) 540円
2) 600円
3) 620円

(60) 相続人が相続により取得した宅地が「小規模宅地等についての相続税の課税価格の計算の特例」における特定事業用宅地等に該当する場合、その宅地のうち（ ① ）までを限度面積として、評価額の（ ② ）相当額を減額した金額を、相続税の課税価格に算入すべき価額とすることができる。

［2023年5月］

1) ① 200㎡　　　② 50%
2) ① 330㎡　　　② 80%
3) ① 400㎡　　　② 80%

2024年度
ファイナンシャル・プランニング技能検定

３級 学科試験

試験時間 ◆ 90分

《 注 意 事 項 》

1. 本試験の出題形式は、正誤式30問、三答択一式30問です。
2. 携帯電話、筆記用具、計算機は自席（パソコンブース）への持込みはできません。メモ用紙、筆記用具はテストセンターで貸し出されます。計算機については、試験画面上に表示される電卓を利用することができます。
3. 試験問題については、特に指示のない限り、2024年4月1日現在施行の法令等に基づいて解答してください。

では、
始めます！

東京リーガルマインド

問1～問30の各文章を読んで、正しいものまたは適切なものには○を、誤っている ものまたは不適切なものには×を、選択してください。 〔30問〕

（1） 弁護士の登録を受けていないファイナンシャル・プランナーが、資産管理の相談に来た顧客の求めに応じ、有償で、当該顧客を委任者とする任意後見契約の受任者となることは、弁護士法に抵触する。 [2024年1月]

（2） 後期高齢者医療広域連合の区域内に住所を有する75歳以上の者は、原則として、後期高齢者医療制度の被保険者となる。 [2022年1月]

（3） 国民年金基金の加入員は、所定の事由により加入員資格を喪失する場合を除き、加入している国民年金基金から自己都合で任意に脱退することはできない。 [2023年9月]

（4） 確定拠出年金の個人型年金の加入者が国民年金の第1号被保険者である場合、原則として、掛金の拠出限度額は年額816,000円である。 [2022年1月]

（5） 日本学生支援機構の奨学金と日本政策金融公庫の教育一般貸付（国の教育ローン）は、重複して利用することができる。 [2024年1月]

（6） 国内で事業を行う生命保険会社が破綻した場合、生命保険契約者保護機構による補償の対象となる保険契約については、高予定利率契約を除き、既払込保険料相当額の90％まで補償される。 [2023年9月]

（7） 生命保険の保険料は、純保険料および付加保険料で構成されているが、このうち純保険料は、予定利率および予定死亡率に基づいて計算される。 [2022年9月]

（8） 逓増定期保険は、保険期間の経過に伴い死亡保険金額が所定の割合で増加するが、保険料は保険期間を通じて一定である。 [2021年9月]

（9） 海外旅行傷害保険では、海外旅行中に発生した地震によるケガは補償の対象とならない。 [2023年1月]

(10)　こども保険（学資保険）において、保険期間中に契約者（＝保険料負担者）である親が死亡した場合、一般に、既払込保険料相当額の死亡保険金が支払われて契約は消滅する。

[2021年5月]

(11)　マネーストック統計は、一般法人、個人、地方公共団体などの通貨保有主体が保有する通貨量の残高を集計したものである。

[2021年9月]

(12)　追加型の国内公募株式投資信託の受益者が受け取る収益分配金のうち、元本払戻金（特別分配金）は非課税である。

[2020年9月]

(13)　証券取引所における株式の売買において、成行注文は指値注文に優先して売買が成立する。

[2021年5月]

(14)　為替予約を締結していない外貨定期預金において、満期時の為替レートが預入時の為替レートに比べて円安になれば、当該外貨定期預金の円換算の利回りは高くなる。

[2022年1月]

(15)　オプション取引において、特定の商品を将来の一定期日に、あらかじめ決められた価格（権利行使価格）で買う権利のことをプット・オプションという。

[2020年1月]

(16)　退職手当等の支払を受ける個人がその支払を受ける時までに「退職所得の受給に関する申告書」を提出した場合、その支払われる退職手当等の金額に20.42％の税率を乗じた金額に相当する所得税および復興特別所得税が源泉徴収される。

[2023年5月]

(17)　所得税において、NISA口座（少額投資非課税制度における非課税口座）内で生じた上場株式の譲渡損失の金額は、特定口座内の上場株式の譲渡益の金額と損益を通算することができる。

[2021年1月]

(18)　所得税において、納税者の合計所得金額が1,000万円を超えている場合、配偶者の合計所得金額の多寡にかかわらず、配偶者控除の適用を受けることはできない。

[2022年5月]

(19) 所得税において、その年の 12 月 31 日時点の年齢が 16 歳未満である扶養親族は、扶養控除の対象となる控除対象扶養親族に該当しない。 [2023 年 1 月]

(20) 所得税において、青色申告者に損益通算してもなお控除しきれない損失の金額（純損失の金額）が生じた場合、その損失の金額を翌年以後最長で 5 年間繰り越して、翌年以後の所得金額から控除することができる。 [2022 年 9 月]

(21) 不動産の登記事項証明書は、対象不動産について利害関係を有する者以外であっても、交付を請求することができる。 [2023 年 9 月]

(22) アパートやマンションの所有者が、当該建物の賃貸を自ら業として行うためには、宅地建物取引業の免許を取得しなければならない。 [2022 年 1 月]

(23) 建築基準法において、建築物が防火地域および準防火地域にわたる場合、原則として、その全部について防火地域内の建築物に関する規定が適用される。
[2022 年 9 月]

(24) A さんが、取得日が 2018 年 10 月 1 日の土地を譲渡する場合、その譲渡日が 2023 年 1 月 1 日以降であれば、当該譲渡は、所得税における長期譲渡所得に区分される。 [2021 年 1 月]

(25) 建築基準法上、容積率とは、建築物の建築面積の敷地面積に対する割合をいう。
[2021 年 9 月]

(26) 贈与は、当事者の一方が財産を無償で相手方に与える意思表示をすれば、相手方が受諾しなくても、その効力が生じる。 [2022 年 1 月]

(27) 「直系尊属から教育資金の一括贈与を受けた場合の贈与税の非課税」は、贈与を受けた年の前年分の受贈者の所得税に係る合計所得金額が 1,000 万円を超える場合、適用を受けることができない。 [2022 年 5 月]

(28)　相続人が複数いる場合、各相続人は、被相続人の遺言により相続分や遺産分割方法の指定がされていなければ、法定相続分どおりに相続財産を分割しなければならない。

[2021年9月]

(29)　養子には、普通養子と特別養子があり、普通養子は養子縁組により実方の父母との親族関係が終了しない。

[2021年5月]

(30)　相続税額の計算において、相続開始時に保険事故が発生していない生命保険契約に関する権利の価額は、原則として、相続開始時においてその契約を解約するとした場合に支払われることとなる解約返戻金の額によって評価する。

[2021年1月]

問31～問60の各文章の（　　）内にあてはまる最も適切な文章、語句、数字またはそれらの組合せを1）～3）のなかから選択してください。 〔30問〕

(31)　Aさんの本年分の可処分所得の金額は、下記の＜資料＞によれば、（　　）である。 [2021年9月改題]

　　＜資料＞本年分のAさんの収入等

給与収入	：	680万円（給与所得：502万円）
所得税・住民税	：	58万円
社会保険料	：	96万円
生命保険料	：	10万円

1)　348万円

2)　516万円

3)　526万円

(32)　公的介護保険の第（①）被保険者は、市町村または特別区の区域内に住所を有する（②）以上65歳未満の医療保険加入者である。 [2022年5月]

1)　①　1号　　　　　②　40歳

2)　①　2号　　　　　②　40歳

3)　①　2号　　　　　②　60歳

(33)　全国健康保険協会管掌健康保険の被保険者に支給される傷病手当金の額は、1日につき、原則として、傷病手当金の支給を始める日の属する月以前の直近の継続した（①）の各月の標準報酬月額の平均額を30で除した額に、（②）を乗じた額である。 [2021年1月]

1)　①　12カ月間　　　②　3分の2

2)　①　12カ月間　　　②　4分の3

3)　①　6カ月間　　　②　5分の4

(34) 65歳到達時に老齢基礎年金の受給資格期間を満たしている者が、67歳0カ月で老齢基礎年金の繰下げ支給の申出をした場合、老齢基礎年金の増額率は、（　　　）となる。 ［2021年5月］

1) 12.0%

2) 16.8%

3) 25.2%

(35) 住宅を取得し、住宅借入金等特別控除の適用を受けている者が、住宅ローンの一部繰上げ返済を行い、借入金の償還期間が当初の借入れの最初の償還月から（　　　）未満となった場合、残りの控除期間について、住宅借入金特別控除の適用は受けられない。 ［2020年1月］

1) 10年

2) 13年

3) 15年

(36) 保険法の規定によれば、保険契約者や被保険者に告知義務違反があった場合、保険者の保険契約の解除権は、保険者が解除の原因があることを知った時から（①）行使しないとき、または保険契約の締結の時から（②）を経過したときに消滅する。 ［2020年1月］

1) ①　1カ月間　　　②　5年

2) ①　2カ月間　　　②　10年

3) ①　3カ月間　　　②　15年

(37) 生命保険契約の契約者は、契約者貸付制度を利用することにより、契約している生命保険の（　　　）の一定の範囲内で保険会社から貸付を受けることができる。 ［2023年1月］

1) 既払込保険料総額

2) 解約返戻金額

3) 死亡保険金額

(38)　自動車を運行中にハンドル操作を誤ってガードレールに衝突し、運転者がケガを負った場合に被った損害は、（　　）による補償の対象となる。［2021年9月］

1)　対人賠償保険

2)　人身傷害（補償）保険

3)　自動車損害賠償責任保険

(39)　収入保障保険の死亡保険金を一時金で受け取る場合の受取額は、一般に、年金形式で受け取る場合の受取総額（　　）。　　　　　　　　　　　［2022年9月］

1)　と同額である

2)　よりも多くなる

3)　よりも少なくなる

(40)　レストランを経営する企業が、火災により店舗が全焼し、休業した場合の利益損失を補償する保険として、（　　）がある。　　　　　　　　　　［2021年5月］

1)　労働災害総合保険

2)　企業費用・利益総合保険

3)　施設所有（管理）者賠償責任保険

(41)　日本銀行の金融政策の1つである（　①　）により、日本銀行が金融機関の保有する有価証券の買入を行えば、市中に出回る資金量が（　②　）する。

［2020年1月］

1)　①　預金準備率操作　　　　②　増加

2)　①　公開市場操作　　　　②　増加

3)　①　公開市場操作　　　　②　減少

(42) 表面利率（クーポンレート）２％、残存期間５年の固定利付債券を、額面100円当たり103円で購入し、３年後に額面100円当たり102円で売却した場合の所有期間利回り（年率・単利）は、（　　）である。なお、税金や手数料等は考慮しないものとし、答は表示単位の小数点以下第３位を四捨五入している。

[2021年1月改題]

1) 1.62%

2) 1.75%

3) 2.29%

(43) 投資信託の運用において、株価が企業の財務状況や利益水準などからみて、割安と評価される銘柄に投資する運用手法を、（　　）という。　　[2023年9月]

1) グロース運用

2) バリュー運用

3) パッシブ運用

(44) Ａ資産の期待収益率が３％、Ｂ資産の期待収益率が５％の場合に、Ａ資産を40％、Ｂ資産を60％の割合で組み入れたポートフォリオの期待収益率は、（　　）となる。

[2022年1月]

1) 4.0%

2) 4.2%

3) 8.0%

(45) 日本投資者保護基金は、会員である金融商品取引業者が破綻し、分別管理の義務に違反したことによって、一般顧客から預託を受けていた有価証券・金銭を返還することができない場合、一定の範囲の取引を対象に一般顧客１人につき（　　）を上限に金銭による補償を行う。　　[2022年5月]

1) 1,000万円

2) 1,300万円

3) 2,000万円

(46)　所得税における一時所得に係る総収入金額が 500 万円で、その収入を得るために支出した金額が 250 万円である場合、総所得金額に算入される一時所得の金額は、（　　　）である。　　　　　　　　　　　　　　　　　[2022 年 9 月]
1)　100 万円
2)　125 万円
3)　250 万円

(47)　所得税において、老齢基礎年金や老齢厚生年金を受け取ったことによる所得は、（　　　）となる。　　　　　　　　　　　　　　　　　　　　[2022 年 5 月]
1)　雑所得
2)　一時所得
3)　非課税所得

(48)　その年の 1 月 16 日以後に新たに事業所得を生ずべき業務を開始した納税者が、その年分から所得税の青色申告の承認を受けようとする場合、原則として、その業務を開始した日から（　　　）以内に、青色申告承認申請書を納税地の所轄税務署長に提出しなければならない。　　　　　　　　　　　　　[2022 年 5 月]
1)　2 カ月
2)　3 カ月
3)　6 カ月

(49)　所得税において、医療費控除（特定一般用医薬品等購入費を支払った場合の医療費控除の特例を除く）の控除額は、その年中に支払った医療費の金額（保険金等により補填される部分の金額を除く）の合計額から、その年分の総所得金額等の合計額の（　①　）相当額または（　②　）のいずれか低いほうの金額を控除して算出される。　　　　　　　　　　　　　　　　　　　[2021 年 5 月]
1)　①　5 %　　　　　②　88,000 円
2)　①　5 %　　　　　②　100,000 円
3)　①　10%　　　　　②　100,000 円

(50) 所得税において、納税者の合計所得金額が 2,400 万円以下である場合、基礎控除の額は、（　　）である。　　　　　　　　　　　　　　　　　　［2022年9月］

1) 38 万円

2) 48 万円

3) 63 万円

(51) 借地借家法における定期借地権のうち、（　　）は、居住の用に供する建物の所有を目的として設定することができない。　　　　　　　　　　　　　［2022年9月］

1) 一般定期借地権

2) 事業用定期借地権等

3) 建物譲渡特約付借地権

(52) 宅地建物取引業法において、宅地建物取引業者が依頼者と締結する宅地または建物の売買の媒介契約のうち、専任媒介契約の有効期間は、最長で（　　）である。　　　　　　　　　　　　　　　　　　　　　　　　　　　　　　［2021年5月］

1) 3 カ月

2) 6 カ月

3) 1 年

(53) 固定資産税における小規模住宅用地（住宅用地で住宅1戸当たり 200㎡以下の部分）の課税標準については、当該住宅用地に係る固定資産税の課税標準となるべき価格の（　　）の額とする特例がある。　　　　　　　　　　　　［2021年1月］

1) 6 分の 1

2) 3 分の 1

3) 2 分の 1

(54) 建築基準法上、第一種低層住居専用地域内においては、原則として、（　　）を建築することができない。　　　　　　　　　　　　　　　　　　　　　［2021年1月］

1) 共同住宅

2) ホテル

3) 老人ホーム

(55)　土地の有効活用において、一般に、土地所有者が入居予定の事業会社から建設資金を借り受けて、事業会社の要望に沿った店舗等を建設し、その店舗等を事業会社に賃貸する手法を、（　　）という。　　　　　　　　　[2022年5月]

1)　等価交換方式

2)　建設協力金方式

3)　事業用定期借地権方式

(56)　贈与税の配偶者控除は、婚姻期間が（　①　）以上である配偶者から居住用不動産の贈与または居住用不動産を取得するための金銭の贈与を受け、所定の要件を満たす場合、贈与税の課税価格から基礎控除額のほかに最高（　②　）を控除することができる特例である。　　　　　　　　　[2021年9月]

1)　①　10年　　　　　　②　2,500万円

2)　①　10年　　　　　　②　2,000万円

3)　①　20年　　　　　　②　2,000万円

(57)　下記の＜親族関係図＞において、遺留分を算定するための財産の価額が6億円である場合、長女Eさんの遺留分の金額は、（　　）となる。　　　[2022年1月]

＜親族関係図＞

1)　2,500万円

2)　5,000万円

3)　1億円

(58)　相続税の申告書の提出は、原則として、その相続の開始があったことを知った日の翌日から（　　）以内にしなければならない。　　　　　[2022年9月]

1)　4カ月

2)　6カ月

3)　10カ月

(59) 相続税額の計算上、死亡保険金の非課税金額の規定による非課税限度額は、「(　　　)×法定相続人の数」の算式により算出する。　　　　[2021年1月]

1) 500万円
2) 600万円
3) 1,000万円

(60) 国税庁が公表している路線価図において、路線に「300C」と付されている場合、「C」の記号は、借地権割合が(　　　)であることを示している。　　[2021年5月]

1) 60%
2) 70%
3) 80%

3 級

問題編　分冊❷

実技試験［日本FP協会］資産設計提案業務　チャレンジ 1
実技試験［日本FP協会］資産設計提案業務　チャレンジ 2

1　この表紙（色紙）を残したまま問題冊子を取り外してください。
　　「問題冊子」は、チャレンジ1、チャレンジ2の順にとじてあり
　　ます。
2　解答用紙は、「解答＆解説編」の前にとじてあります。
　　切り取ってご使用ください。

「問題冊子」の取り外し方

①この色紙を残し、「問題冊子」だけをつかんでください。
②「問題冊子」をしっかりとつかんだまま手前に引っ張って、
　取り外してください。

「問題冊子」 ※チャレンジ1、チャレンジ2の順にとじてあります。

※色紙と「問題冊子」は、のりで接着されていますので、丁寧に取り外
　してください。なお、取り外しの際の破損等による返品・交換には応
　じられませんのでご注意ください。

LEC東京リーガルマインド

2024年度
ファイナンシャル・プランニング技能検定

日本FP協会

３級　実技試験
資産設計提案業務

試験時間 ◆ 60分

《　注意事項　》

1. 問題数は20問、解答はすべて三肢択一式です。
2. 試験問題については、特に指示のない限り、2024年4月1日現在施行の法令等に基づいて解答してください。なお、東日本大震災の被災者等に対する各種特例等については考慮しないものとします。
3. 携帯電話、筆記用具、計算機は自席（パソコンブース）への持込みはできません。メモ用紙、筆記用具はテストセンターで貸し出されます。計算機については、試験画面上に表示される電卓を利用することができます。

さあ、
始めるよ！

公表された他人の著作物を自分の著作物に引用する場合の注意事項に関する次の記述のうち、最も不適切なものはどれか。

1．自らが作成する部分が「主」で、引用する部分が「従」となる内容にした。
2．自らが作成する部分と引用する部分を区別できないようにまとめて表現した。
3．引用する著作物のタイトルと著作者名を明記した。

問2

　下記は、小山家のキャッシュフロー表（一部抜粋）である。このキャッシュフロー表の空欄（ア）～（ウ）にあてはまる数値として、誤っているものはどれか。なお、計算過程においては端数処理をせず計算し、計算結果については万円未満を四捨五入すること。

<小山家のキャッシュフロー表>　　　　　　　　　　　　　　　　（単位：万円）

経過年数			基準年	1年	2年	3年	4年
西暦（年）			20×1	20×2	20×3	20×4	20×5
家族・年齢	小山　信介	本人	41歳	42歳	43歳	44歳	45歳
	美緒	妻	40歳	41歳	42歳	43歳	44歳
	健太郎	長男	9歳	10歳	11歳	12歳	13歳
	沙奈	長女	5歳	6歳	7歳	8歳	9歳
ライフイベント		変動率		自動車の買替え	沙奈小学校入学		健太郎中学校入学
収入	給与収入（本人）	1%	428	432	437	441	445
	給与収入（妻）	1%	402	406	410	414	418
	収入合計	ー	830	838	847	855	863
支出	基本生活費	2%	287				（ア）
	住宅関連費	ー	162	162	162	162	162
	教育費	ー					
	保険料	ー	48	48	48	48	48
	一時的支出	ー		400			
	その他支出	ー	60	60	60	60	60
	支出合計	ー	627				
年間収支			（イ）		208		
金融資産残高		1%	823	627	（ウ）		

※年齢および金融資産残高は各年12月31日現在のものとし、20×0年を基準年とする。

※給与収入は可処分所得で記載している。

※記載されている数値は正しいものとする。

※問題作成の都合上、一部空欄としてある。

1．（ア）310

2．（イ）203

3．（ウ）841

問3

　ＦＰの福岡さんは、以下の資金計画どおりにマンションを購入した後の荒木家のバランスシートを作成した。下表の空欄（ア）にあてはまる金額として、正しいものはどれか。なお、＜資料＞に記載のあるデータに基づいて解答することとする。

＜資料＞

［保有財産（時価）］	（単位：万円）
金融資産	
普通預金	１００
定期預金	２５０
財形住宅貯蓄	２００
生命保険（解約返戻金相当額）	１０

［負債］
　なし

［マイホーム：資金計画］
　荒木浩介さんは、３，０００万円のマンションの購入を検討しており、民間金融機関で２，５００万円の住宅ローンを組む予定である。マンション購入の頭金は５００万円とし、その内訳は、財形住宅貯蓄２００万円、定期預金２５０万円のうち２００万円、親から受ける贈与１００万円である。

［その他］
　上記以外については、各設問において特に指定のない限り一切考慮しないこととする。

［荒木家の（マンション購入後の）バランスシート］　　　　　　　（単位：万円）

［資産］		［負債］	
金融資産		住宅ローン	×××
普通預金	×××		
定期預金	×××	負債合計	×××
財形住宅貯蓄	×××		
生命保険（解約返戻金相当額）	×××		
不動産（自宅マンション）	×××	［純資産］	（　ア　）
資産合計	×××	負債・純資産合計	×××

1. 　　１６０（万円）
2. 　　６６０（万円）
3. 1,０６０（万円）

問4

　荒木さんは、今後１０年間で毎年３６万円ずつ積立貯蓄をして、長女の教育資金を準備したいと考えている。積立期間中に年利２.０％で複利運用できるものとした場合、１０年後の合計金額として、正しいものはどれか。なお、下記<資料>の３つの係数の中から最も適切な係数を選択して計算し、解答に当たっては、千円未満を四捨五入すること。また、税金や記載のない事項については一切考慮しないこととする。

<資料：係数早見表（年利２.０％）>

	終価係数	年金終価係数	年金現価係数
１０年	１.２１９	１０.９５０	８.９８３

※記載されている数値は正しいものとする。

1. ３,２３４,０００円
2. ３,９４２,０００円
3. ４,３８８,０００円

問5

荒木浩介さんの家族構成と公的年金加入歴は下記のとおりである。仮に浩介さんが現時点（33歳）で死亡した場合、浩介さんの死亡時点において妻の理恵さんに支給される公的年金の遺族給付に関する次の記述のうち、最も適切なものはどれか。なお、浩介さんは、入社時（22歳）から死亡時まで厚生年金保険に加入しているものとし、遺族給付における生計維持要件は満たされているものとする。

［家族構成（同居家族）］

氏名	続柄	生年月日	年齢	職業
荒木　浩介	本人	19××年6月15日	33歳	会社員
理恵	妻	19××年5月20日	32歳	専業主婦
千穂	長女	20××年8月10日	2歳	

国民年金 （学生納付特例期間）	厚生年金保険

▲　　　　　　　　　　　▲　　　　　　　　　　　　　　　　　　　　　　▲
20歳　　　　　　　　22歳　　　　　　　　　　　　　　　　　　　　33歳
　　　　　　　　　　　　　　　　　　　　　　　　　　　　　　　　（死亡）

1．遺族基礎年金と死亡一時金が支給される。

2．遺族厚生年金と寡婦年金が支給される。

3．遺族基礎年金と遺族厚生年金が支給される。

問6　　　　　　　　　　　　　　　　　　　　[2022年1月]

　下記＜資料＞に基づくＱＸ株式会社の投資指標に関する次の記述のうち、最も適切なものはどれか。なお、購入時の手数料および税金は考慮しないこととする。

＜資料＞

[株式市場に関するデータ]

	ＰＥＲ（今期予想）	ＰＢＲ	配当利回り（今期予想・単純平均）
日経平均採用銘柄	１４.２３倍	1.２５倍	1.８２％
東証プライム全銘柄	１６.４１倍	1.３３倍	1.７８％
東証グロース全銘柄	２２.５７倍	1.４４倍	1.５７％

[ＱＸ株式会社に関するデータ]

株価	９１０円
1株当たり純利益（今期予想）	４５円
1株当たり純資産	1,３７５円
1株当たり年間配当金（今期予想）	３０円

1. 株価収益率（ＰＥＲ）で比較した場合、ＱＸ株式会社の株価は日経平均採用銘柄の平均（予想ベース）より割安である。

2. 株価純資産倍率（ＰＢＲ）で比較した場合、ＱＸ株式会社の株価は東証プライム全銘柄の平均より割安である。

3. 配当利回りで比較した場合、ＱＸ株式会社の配当利回りは東証グロース全銘柄の平均（予想ベース）より低い。

関根さんは上場株式への投資に興味をもち、ＦＰの榎田さんに質問をした。下記の空欄（ア）～（ウ）にあてはまる語句に関する次の記述のうち、最も不適切なものはどれか。

関根さん：株式会社による株主還元策について教えてください。

榎田さん：株式会社によっては、手元資金を使い自社の流通株式を買い戻す自社株買いを行う場合があります。自社株買いを行うと市場に出回る株数が減るため、株価に影響する他の要因を考慮しないと仮定した場合、1株当たりの価値は（　ア　）すると考えられます。

関根さん：株式会社による株主への還元率を表す指標はないのでしょうか。

榎田さん：配当性向が挙げられます。配当性向とは、株式会社が稼いだ純利益のうち、株主へ配当した割合を表しています。純利益が同額で株主配当金が多ければ、配当性向は（　イ　）なります。

関根さん：分かりました。ところで、ほかにはどのような株式投資によるメリットがありますか。

榎田さん：例えば、一定株数以上を保有する株主に対し、株式会社が自社製品や割引券、商品券などの特典等を贈る（　ウ　）が挙げられます。

1．空欄（ア）にあてはまる語句は、「減少」である。

2．空欄（イ）にあてはまる語句は、「高く」である。

3．空欄（ウ）にあてはまる語句は、「株主優待制度」である。

問8

福岡さんはＱＳ投資信託を新規募集時に１，０００万口購入し、特定口座（源泉徴収口座）で保有して収益分配金を受け取っている。下記＜資料＞に基づき、福岡さんが保有するＱＳ投資信託に関する次の記述の空欄（ア）、（イ）にあてはまる語句の組み合わせとして、正しいものはどれか。

＜資料＞

［ＱＳ投資信託の商品概要（新規募集時）］
投資信託の分類：追加型／国内／株式／特殊型（ブル・ベア型）
決算および収益分配：毎年４月２５日（休業日の場合には翌営業日）
申込価格：１口当たり１円
申込単位：１万口以上１口単位
基準価額：当ファンドにおいては、１万口当たりの価額で表示
購入時手数料：購入金額に対して１．６％（税込み）
運用管理費用（信託報酬）：純資産総額に対し年０．８％（税込み）
信託財産留保額：１万口につき解約請求日の翌営業日の基準価額に０．３％を乗じた額

［福岡さんが保有するＱＳ投資信託の収益分配金受取時の運用状況（１万口当たり）］
収益分配前の個別元本：９，４００円
収益分配前の基準価額：１０，０００円
収益分配金：１，０００円
収益分配後の基準価額：９，０００円

- 福岡さんが、ＱＳ投資信託を新規募集時に１，０００万口購入した際に、支払った購入時手数料（税込み）は、（　ア　）である。
- 収益分配時に、福岡さんに支払われた収益分配金のうち６００円（１万口当たり）は（　イ　）である。

1．（ア）２４０，０００円　　（イ）普通分配金
2．（ア）１６０，０００円　　（イ）元本払戻金（特別分配金）
3．（ア）１６０，０００円　　（イ）普通分配金

　建築基準法に従い、下記＜資料＞の土地に建築物を建築する場合、その土地に対する建築物の建築面積の最高限度として、正しいものはどれか。なお、記載のない条件については一切考慮しないこととする。

＜資料＞

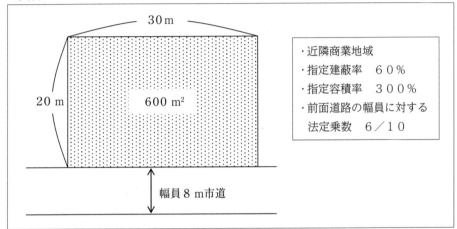

1.　　360㎡
2.　1,800㎡
3.　2,880㎡

問10

下記は、不動産の取得および保有に係る税金についてまとめた表である。下表の空欄（ア）～（ウ）にあてはまる語句の組み合わせとして、正しいものはどれか。

税金の種類	課税主体	納税義務者（原則）	課税標準（原則）
不動産取得税	都道府県	不動産の取得者。ただし、（　ア　）により取得した場合は非課税	固定資産税評価額
登録免許税	国	登記を受ける者	抵当権設定登記等を除き、（　イ　）
固定資産税	（　ウ　）	1月1日現在の固定資産の所有者	固定資産税評価額

1．（ア）贈与　（イ）相続税評価額　　（ウ）市町村（東京23区は東京都）
2．（ア）相続　（イ）固定資産税評価額　（ウ）市町村（東京23区は東京都）
3．（ア）贈与　（イ）固定資産税評価額　（ウ）都道府県

都市計画法に基づく都市計画区域に関する下表の空欄（ア）～（ウ）にあてはまる数値または語句の組み合わせとして、最も適切なものはどれか。

市街化区域	すでに市街地を形成している区域およびおおむね（　ア　）年以内に優先的かつ計画的に市街化を図るべき区域
市街化調整区域	市街化を（　イ　）すべき区域
非線引き区域	（　ウ　）の定められていない都市計画区域

1．（ア）　5　　（イ）抑制　　（ウ）用途地域

2．（ア）10　　（イ）抑制　　（ウ）区域区分

3．（ア）10　　（イ）調整　　（ウ）区域区分

問１２　　　　　　　　　　　　　　　　　　［2021年5月改題］

　露木忠則さんが加入している生命保険（下記＜資料＞参照）の保障内容に関する次の記述の空欄（ア）にあてはまる金額として、正しいものはどれか。なお、保険契約は有効に継続しているものとし、特約は自動更新されているものとする。また、忠則さんはこれまでに＜資料＞の保険から保険金および給付金を一度も受け取っていないものとする。

＜資料＞

保険証券記号番号 ○○△△××□□		定期保険特約付終身保険		
保険契約者	露木　忠則　様		保険契約者印	◇契約日（保険期間の始期）　２０００年７月１日
被保険者	露木　忠則　様　契約年齢３６歳 １９６３年１０月９日生まれ 男性		露木	◇主契約の保険期間　終身
受取人	（死亡保険金） 露木　みどり　様（妻）	受取割合 １０割		◇主契約の保険料払込期間　６０歳払込満了

◆ご契約内容

終身保険金額（主契約保険金額）	５００万円
定期保険特約保険金額	２，０００万円
特定疾病保障定期保険特約保険金額	５００万円
傷害特約保険金額	５００万円
災害入院特約［本人・妻型］入院５日目から	日額５，０００円
疾病入院特約［本人・妻型］入院５日目から	日額５，０００円

　　不慮の事故や疾病により所定の手術を受けた場合、手術の種類に応じて手術給付金（入院給付金日額の１０倍・２０倍・４０倍）を支払います。
　　※妻の場合は、本人の給付金の６割の日額となります。

成人病入院特約　　　　　入院５日目から	日額５，０００円
リビング・ニーズ特約	

◆お払い込みいただく合計保険料

毎回	××，×××円

［保険料払込方法（回数）］
団体月払い

◇社員配当金支払方法
　利息をつけて積立て

◇特約の払込期間および保険期間
　１０年

　露木忠則さんが、本年中に初めてがん（悪性新生物）と診断され、治療のために１４日間入院し、その間に手術（給付倍率２０倍）を１回受けた場合に支払われる保険金は合計（　　ア　　）である。

1．５１５万円

2．５２０万円

3．５２４万円

問13

　浅田和久さんが本年中に支払った生命保険の保険料は下記＜資料＞のとおりである。この場合の和久さんの本年分の所得税の計算における生命保険料控除の金額として、正しいものはどれか。なお、下記＜資料＞の保険について、これまでに契約内容の変更はないものとする。また、本年分の生命保険料控除額が最も多くなるように計算すること。

＜資料＞

［定期保険（無配当、新生命保険料）］
契約日：２０１２年９月１日
保険契約者：浅田　和久
被保険者：浅田　和久
死亡保険金受取人：浅田　令子（妻）
当年の年間支払保険料：５８，３２０円

［がん保険（無配当、介護医療保険料）］
契約日：２０１５年３月１日
保険契約者：浅田　和久
被保険者：浅田　和久
死亡保険金受取人：浅田　令子（妻）
当年の年間支払保険料：３１，２００円

＜所得税の生命保険料控除額の速算表＞

［２０１２年１月１日以降に締結した保険契約（新契約）等に係る控除額］

○新生命保険料控除、新個人年金保険料控除、介護医療保険料控除

年間の支払保険料の合計		控除額
	２０，０００円 以下	支払金額
２０，０００円 超	４０，０００円 以下	支払金額×１／２＋１０，０００円
４０，０００円 超	８０，０００円 以下	支払金額×１／４＋２０，０００円
８０，０００円 超		４０，０００円

（注）支払保険料とは、その年に支払った金額から、その年に受けた剰余金や割戻金を差し引いた残りの金額をいう。

1．３４，５８０円
2．４０，０００円
3．６０，１８０円

横川昭二さんが契約している普通傷害保険（個人賠償責任特約付帯）の内容は下記＜資料（一部抜粋）＞のとおりである。次の記述のうち、保険金の支払い対象となるものはどれか。なお、いずれも保険期間中に発生したものであり、＜資料＞に記載のない事項については一切考慮しないこととする。

＜資料（一部抜粋）＞

普通傷害保険証券	
ご契約者	被保険者（保険の対象となる方）
横川　昭二　様	横川　昭二　様

◆ご契約内容

給付項目	保険金額
傷害死亡保険金額	10,000,000円
傷害後遺障害保険金額 （後遺障害の程度により保険金額の4%〜100%）	10,000,000円
傷害入院保険金日額	1日につき　5,000円 （入院1日目から補償）
傷害手術保険金額	入院中は入院保険金日額の10倍、入院中以外は入院保険金日額の5倍
傷害通院保険金日額	1日につき　2,000円

◆その他の補償

個人賠償責任特約	補償されます　支払限度額：（1事故）1億円

1. 昭二さんが徒歩で通勤する途中に他人の運転する車にはねられて死亡した場合。
2. 昭二さんが自動車を運転中に、誤って歩行者に接触し、ケガをさせたことにより法律上の損害賠償責任を負った場合。
3. 昭二さんが地震により倒れてきた家財で肩を打撲し、通院した場合。

問15

　会社員の室井さんは、本年中に勤務先を定年退職した。室井さんの退職に係るデータが下記＜資料＞のとおりである場合、室井さんの所得税に係る退職所得の金額として、正しいものはどれか。なお、室井さんは役員であったことはなく、退職は障害者になったことに基因するものではない。また、前年以前に受け取った退職金はないものとする。

＜資料＞

［室井さんの退職に係るデータ］
支給された退職一時金：４，５００万円
勤続年数：３８年

［参考：退職所得控除額の求め方］

勤続年数	退職所得控除額
２０年以下	４０万円×勤続年数（８０万円に満たない場合には、８０万円）
２０年超	８００万円＋７０万円×（勤続年数－２０年）

1．２，４４０万円

2．２，０６０万円

3．１，２２０万円

問16　　　　　　　　　　　　　　　　　　　［2021年1月改題］

　佐野さんは、個人でアパートの賃貸をしている青色申告者である。佐野さんの本年分の所得および所得控除が下記＜資料＞のとおりである場合、佐野さんの本年分の所得税額として、正しいものはどれか。なお、佐野さんに＜資料＞以外の所得はなく、復興特別所得税や税額控除、源泉徴収税額、予定納税等については一切考慮しないこととする。

＜資料＞

［本年分の所得］
不動産所得の金額　７８０万円
※必要経費や青色申告特別控除額を控除した後の金額である。
［本年分の所得控除］
所得控除の合計額　１１０万円

＜所得税額の計算方法＞

課税される所得金額×税率－控除額

＜所得税の速算表＞

課税される所得金額		税率	控除額
１，０００円 から	１，９４９，０００円 まで	5％	0円
１，９５０，０００円 から	３，２９９，０００円 まで	10％	９７，５００円
３，３００，０００円 から	６，９４９，０００円 まで	20％	４２７，５００円
６，９５０，０００円 から	８，９９９，０００円 まで	23％	６３６，０００円
９，０００，０００円 から	１７，９９９，０００円 まで	33％	１，５３６，０００円
１８，０００，０００円 から	３９，９９９，０００円 まで	40％	２，７９６，０００円
４０，０００，０００円 以上		45％	４，７９６，０００円

（注）課税される所得金額の１，０００円未満の端数は切捨て

1．　　９１２，５００円

2．１，１５８，０００円

3．１，３４０，０００円

　所得税の青色申告特別控除に関する次の記述の空欄（ア）〜（ウ）にあてはまる語句の組み合わせとして、最も適切なものはどれか。

・不動産所得または事業所得を生ずべき事業を営んでいる青色申告者で、これらの所得に係る取引を正規の簿記の原則（一般的には複式簿記）により記帳し、その記帳に基づいて作成した貸借対照表および（　ア　）を確定申告書に添付して法定申告期限内に提出している場合には、原則として、これらの所得を通じて最高（　イ　）を控除することができる。

・この（　イ　）の青色申告特別控除を受けることができる人が、所定の帳簿の電子帳簿保存または国税電子申告・納税システム（ｅ－Ｔａｘ）により電子申告を行っている場合には、最高（　ウ　）の青色申告特別控除が受けられる。

1．（ア）損益計算書　　（イ）１０万円　　（ウ）５５万円
2．（ア）損益計算書　　（イ）５５万円　　（ウ）６５万円
3．（ア）収支内訳書　　（イ）５５万円　　（ウ）６５万円

問18　　　　　　　　　　　　　　　　　　　　　　　　　　[2022年9月改題]

　本年9月1日に相続が開始された宇野沙織さん（被相続人）の＜親族関係図＞が下記のとおりである場合、民法上の相続人および法定相続分の組み合わせとして、正しいものはどれか。なお、記載のない条件については一切考慮しないこととする。

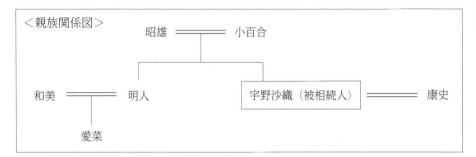

1．康史　1／2　　昭雄　1／4　　小百合　1／4
2．康史　2／3　　昭雄　1／6　　小百合　1／6
3．康史　2／3　　明人　1／3

問19　　　　　　　　　　　　　　　　　　　　　　　　　　[2022年9月改題]

　妹尾勇二さん（78歳）は、将来発生するであろう自身の相続について、遺産分割等でのトラブルを防ぐために公正証書遺言の作成を検討しており、FPの塩谷さんに相談をした。公正証書遺言に関する塩谷さんの次の説明のうち、最も適切なものはどれか。

1．「すでに作成した公正証書遺言を撤回したい場合、自筆証書遺言では撤回することはできません。」
2．「公正証書遺言を作成する場合、証人の立会いは必要ありません。」
3．「公正証書遺言を作成した場合、相続発生後、家庭裁判所に対してその検認を請求する必要はありません。」

問20

　細川亜実さん（32歳）が本年中に贈与を受けた財産の価額と贈与者は以下のとおりである。亜実さんの本年分の贈与税額として、正しいものはどれか。なお、本年中において、亜実さんはこれ以外の財産の贈与を受けておらず、相続時精算課税制度は選択していないものとする。

- ● 亜実さんの父からの贈与　現金400万円
- ● 亜実さんの祖母からの贈与　現金60万円

※上記の贈与は、住宅取得等資金や教育資金、結婚・子育てに係る資金の贈与ではない。

＜贈与税の速算表＞

（イ）18歳以上の者が直系尊属から贈与を受けた財産の場合（特例贈与財産、特例税率）

基礎控除後の課税価格		税率	控除額
	200万円 以下	10%	－
200万円 超	400万円 以下	15%	10万円
400万円 超	600万円 以下	20%	30万円
600万円 超	1,000万円 以下	30%	90万円
1,000万円 超	1,500万円 以下	40%	190万円
1,500万円 超	3,000万円 以下	45%	265万円
3,000万円 超	4,500万円 以下	50%	415万円
4,500万円 超		55%	640万円

（注）「18歳以上の者」とあるのは、2022年3月31日以前の贈与により財産を取得した者の場合、「20歳以上の者」と読み替えるものとする。

（ロ）上記（イ）以外の場合（一般贈与財産、一般税率）

基礎控除後の課税価格		税率	控除額
	200万円 以下	10%	－
200万円 超	300万円 以下	15%	10万円
300万円 超	400万円 以下	20%	25万円
400万円 超	600万円 以下	30%	65万円
600万円 超	1,000万円 以下	40%	125万円
1,000万円 超	1,500万円 以下	45%	175万円
1,500万円 超	3,000万円 以下	50%	250万円
3,000万円 超		55%	400万円

1. 425,000円

2. 620,000円

3. 730,000円

2024年度
ファイナンシャル・プランニング技能検定

日本FP協会
３級 実技試験
資産設計提案業務

試験時間 ◆ 60分

《 注 意 事 項 》

1. 問題数は20問、解答はすべて三肢択一式です。
2. 試験問題については、特に指示のない限り、2024年4月1日現在施行の法令等に基づいて解答してください。なお、東日本大震災の被災者等に対する各種特例等については考慮しないものとします。
3. 携帯電話、筆記用具、計算機は自席（パソコンブース）への持込みはできません。メモ用紙、筆記用具はテストセンターで貸し出されます。計算機については、試験画面上に表示される電卓を利用することができます。

では、
始めます！

問 1

　ファイナンシャル・プランニング業務を行うに当たっては、関連業法を順守することが重要である。ファイナンシャル・プランナー（以下「ＦＰ」という）の行為に関する次の記述のうち、最も不適切なものはどれか。

1. 社会保険労務士資格を有していないＦＰが、顧客の「ねんきん定期便」等の資料を参考に、公的年金の受給見込み額を試算した。
2. 投資助言・代理業の登録をしていないＦＰが、顧客と投資顧問契約を締結し、当該契約に基づいて特定の上場株式の投資判断について有償で助言をした。
3. 生命保険募集人、保険仲立人の登録をしていないＦＰが、変額年金保険の一般的な商品内容について有償で説明を行った。

問2

下記は、宮野家のキャッシュフロー表（一部抜粋）である。このキャッシュフロー表の空欄（ア）～（ウ）にあてはまる数値として、最も不適切なものはどれか。なお、計算に当たっては、キャッシュフロー表中に記載の整数を使用し、計算結果については万円未満を四捨五入すること。

＜宮野家のキャッシュフロー表＞　　　　　　　　　　　　　　　　（単位：万円）

経過年数			基準年	1年	2年	3年	4年
西暦（年）			20×1	20×2	20×3	20×4	20×5
家族・年齢	宮野　雄介	本人	46歳	47歳	48歳	49歳	50歳
	佳代	妻	45歳	46歳	47歳	48歳	49歳
	愛梨	長女	14歳	15歳	16歳	17歳	18歳
	秀人	長男	12歳	13歳	14歳	15歳	16歳
ライフイベント		変動率		秀人中学校入学	愛梨高校入学		秀人高校入学
収入	給与収入（本人）	1%	524				
	給与収入（妻）	－	100	100	100	100	100
	収入合計	－	624	629		640	
支出	基本生活費	1%	224				（ア）
	住宅関連費	－	165	165	165	165	165
	教育費	－	90	120	90	120	180
	保険料	－	42	42	42	42	48
	一時的支出	－					
	その他支出	－	24	36	36	36	36
	支出合計	－	545	589		594	
年間収支			79	40	73	（イ）	▲17
金融資産残高		1%	823	（ウ）			1,002

※年齢および金融資産残高は各年12月31日現在のものとする。
※給与収入は可処分所得で記載している。
※記載されている数値は正しいものとする。
※問題作成の都合上、一部を空欄にしてある。

1．空欄（ア）：233
2．空欄（イ）： 46
3．空欄（ウ）：831

　下記は、一般的な公募株式投資信託（非上場）と証券取引所に上場しているＥＴＦ（上場投資信託）およびＪ－ＲＥＩＴ（上場不動産投資信託）の特徴についてまとめた表である。下表の空欄（ア）〜（ウ）にあてはまる語句に関する次の記述のうち、最も適切なものはどれか。

	一般的な公募株式投資信託 （非上場）	ＥＴＦ （上場投資信託）	Ｊ－ＲＥＩＴ （上場不動産投資信託）
取引・購入窓口	各投資信託を取り扱う証券会社や銀行などの販売会社	証券会社等	（　ア　）
取引価格	（　イ　）	市場での取引価格	市場での取引価格
購入時の手数料	投資信託によって、販売会社ごとに異なる手数料率を適用	（　ウ　）	（　ウ　）

1．空欄（ア）に入る語句は、「不動産取引業者」である。
2．空欄（イ）に入る語句は、「基準価額」である。
3．空欄（ウ）に入る語句は、「証券取引所が定めた手数料率を一律に適用」である。

問4

目黒さんは、預金保険制度の対象となるＨＡ銀行の国内支店に下記＜資料＞の預金を預け入れている。仮に、ＨＡ銀行が破たんした場合、預金保険制度によって保護される金額に関する次の記述のうち、最も不適切なものはどれか。

＜資料＞

決済用預金	１，５００万円
円定期預金	８００万円
円普通預金	３００万円
外貨預金	２００万円

※目黒さんはＨＡ銀行からの借入れはない。

※預金の利息については考慮しないこととする。

※円普通預金は決済用預金ではない。

1．決済用預金１，５００万円は全額保護される。

2．円定期預金および円普通預金は、合算して１，０００万円が保護される。

3．外貨預金２００万円は全額保護される。

　建築基準法の用途制限に従い、下表の空欄（ア）、（イ）にあてはまる建築可能な建築物の組み合わせとして、最も適切なものはどれか。なお、記載のない条件については一切考慮しないこととする。

用途地域	建築物の種類
第一種低層住居専用地域	（　ア　）、神社
工業地域	（　イ　）、自動車整備工場

1．（ア）大学　　　　　（イ）病院
2．（ア）中学校　　　　（イ）診療所
3．（ア）中学校　　　　（イ）病院

問6

　下記は、宅地建物の売買・交換において、宅地建物取引業者と交わす媒介契約の種類とその概要についてまとめた表である。下表の空欄（ア）〜（ウ）にあてはまる語句または数値の組み合わせとして、正しいものはどれか。なお、自己発見取引とは、自ら発見した相手方と売買または交換の契約を締結する行為を指すものとする。

	一般媒介契約	専任媒介契約	専属専任媒介契約
複数業者への 重複依頼	可	不可	不可
自己発見取引	可	（　ア　）	不可
依頼者への 業務状況報告義務	なし	（　イ　）に1回以上	1週間に1回以上
指定流通機構への 登録義務	なし	媒介契約締結日の翌日から7営業日以内	媒介契約締結日の翌日から（　ウ　）営業日以内

1．（ア）可　　　（イ）2週間　　（ウ）5
2．（ア）可　　　（イ）1ヵ月　　（ウ）7
3．（ア）不可　　（イ）1ヵ月　　（ウ）5

問7

　井上さんは、下記＜資料＞の物件の購入を検討している。この物件の購入金額（消費税を含んだ金額）として、正しいものはどれか。なお、＜資料＞に記載されている金額は消費税を除いた金額であり、消費税率は１０％として計算すること。また、記載のない条件については一切考慮しないこととする。

＜資料＞

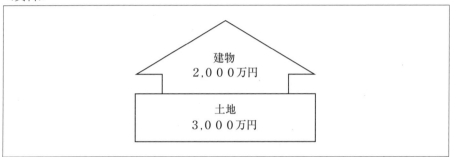

1．5,200万円
2．5,300万円
3．5,500万円

問8

　山根正人さんが加入している終身医療保険（下記＜資料＞参照）の保障内容に関する次の記述の空欄（ア）にあてはまる金額として、正しいものはどれか。なお、保険契約は有効に継続しているものとする。また、正人さんはこれまでに＜資料＞の保険から保険金および給付金を一度も受け取っていないものとする。

＜資料＞

保険種類　終身医療保険（無配当）		保険証券記号番号　△△△－××××
保険契約者	山根　正人　様	保険契約者印
被保険者	山根　正人　様 契約年齢　５０歳　男性	山根
受取人	〔給付金受取人〕被保険者　様 〔死亡保険金受取人〕山根　桜　様 ＊保険契約者との続柄：妻	

◆契約日（保険期間の始期）
　２０１８年７月１日
◆主契約の保険期間
　終身
◆主契約の保険料払込期間
　終身

■ご契約内容

給付金・保険金の内容	給付金額・保険金額	保険期間
入院給付金	日額　１０，０００円 ＊病気やケガで２日以上の入院をした場合、入院開始日を含めて１日目から支払います。 ＊同一事由の１回の入院給付金支払い限度は６０日、通算して１，０００日となります。	終身
手術給付金	給付金額　入院給付金日額×１０・２０・４０倍 ＊所定の手術を受けた場合、手術の種類に応じて、手術給付金（入院給付金日額の１０倍・２０倍・４０倍）を支払います。	
死亡・高度障害保険金	保険金　１，０００，０００円 ＊死亡または所定の高度障害状態となった場合に支払います。	

■保険料の内容

払込保険料合計　×，×××円／月
払込方法（回数）：年１２回 払込期月　　　：毎月

■その他付加されている特約・特則等

払込保険料口座振替特約
＊以下余白

　正人さんは、本年１０月に交通事故により約款所定の手術（給付倍率１０倍）を１回受け、その後継続して１２日間入院した。また、同年１２月には急性心筋梗塞で継続して７日間入院し、その後死亡した。この場合に支払われる保険金および給付金は、合計（　ア　）である。

1. 1,170,000円
2. 1,190,000円
3. 1,290,000円

問9

　ＦＰの駒田さんは相談者の香川さんから地震保険に関する質問を受けた。地震保険に関する駒田さんの次の説明のうち、最も不適切なものはどれか。

1. 「地震保険は、住宅総合保険や火災保険などとセットで契約するため、単独での契約はできません。」
2. 「地震保険の保険料は保険会社ごとに異なるので、数社から見積りを取った方が良いでしょう。」
3. 「噴火により、居住用の建物が全損となった場合、地震保険の補償の対象となります。」

問10

細井英治さんが契約している自動車保険の主な内容は、下記＜資料＞のとおりである。＜資料＞に基づく次の記述のうち、自動車保険による補償の対象とならないものはどれか。なお、いずれも保険期間中に発生したものであり、被保険自動車の運転者は英治さんである。また、記載のない事項については一切考慮しないものとする。

＜資料＞

<table>
<tr><td colspan="4" align="center">自動車保険証券</td></tr>
<tr><td colspan="2">保険契約者</td><td colspan="2" rowspan="2">記名被保険者
（表示のない場合は契約者に同じ）</td></tr>
<tr><td colspan="2">氏名　細井　英治　様</td></tr>
<tr><td colspan="2">保険期間　　　　　　1年間</td><td>合計保険料</td><td>△△,△△△円</td></tr>
<tr><td colspan="2" align="center">補償種目</td><td colspan="2" align="center">保険金額</td></tr>
<tr><td colspan="2">車両保険（一般条件）</td><td colspan="2">100万円</td></tr>
<tr><td colspan="2">対人賠償</td><td>1名</td><td>無制限</td></tr>
<tr><td colspan="2">対物賠償</td><td>1事故</td><td>無制限</td></tr>
<tr><td colspan="2">人身傷害（搭乗中のみ担保）</td><td>1名</td><td>1億円</td></tr>
<tr><td colspan="2">搭乗者傷害</td><td>1名</td><td>1,000万円</td></tr>
</table>

1. 被保険自動車を運転中に、ブレーキ操作を誤り単独事故を起こし、車体が損傷した場合の修理費用
2. 被保険自動車に追突した相手車が逃走し、相手から損害賠償金が受けられない場合の英治さんの治療費用
3. 被保険自動車を運転中に、誤って自宅のブロック塀を損壊した場合のブロック塀の修理費用

問11　　　　　　　　　　　　　　　　　　　　　[2022年1月改題]

　布施さん（68歳）の本年分の収入等は下記<資料>のとおりである。布施さんの本年分の所得税における総所得金額として、正しいものはどれか。なお、記載のない事項については一切考慮しないこととする。

<資料>

内容	金額
アルバイト収入	５０万円
老齢厚生年金	２８０万円

※アルバイト収入は給与所得控除額を控除する前の金額である。
※老齢厚生年金は公的年金等控除額を控除する前の金額である。

<給与所得控除額の速算表>

給与等の収入金額	給与所得控除額
１６２.５万円 以下	５５万円
１６２.５万円 超　　１８０万円 以下	収入金額×４０％－　１０万円
１８０万円 超　　３６０万円 以下	収入金額×３０％＋　　８万円
３６０万円 超　　６６０万円 以下	収入金額×２０％＋　４４万円
６６０万円 超　　８５０万円 以下	収入金額×１０％＋１１０万円
８５０万円 超	１９５万円

<公的年金等控除額の速算表>

納税者区分	公的年金等の収入金額（Ａ）	公的年金等控除額 公的年金等に係る雑所得以外の所得に係る合計所得金額 １，０００万円 以下
６５歳以上の者	３３０万円 以下	１１０万円
	３３０万円 超　　　４１０万円 以下	（Ａ）×２５％＋　２７.５万円
	４１０万円 超　　　７７０万円 以下	（Ａ）×１５％＋　６８.５万円
	７７０万円 超　１，０００万円 以下	（Ａ）×　５％＋１４５.５万円
	１，０００万円 超	１９５.５万円

1. １７０万円
2. ２１０万円
3. ２２０万円

- 32 -

問12 [2023年9月改題]

会社員の井上大輝さんが本年中に支払った医療費等が下記<資料>のとおりである場合、大輝さんの本年分の所得税の確定申告における医療費控除の金額として、正しいものはどれか。なお、大輝さんの本年中の所得は、給与所得800万円のみであり、支払った医療費等はすべて大輝さんおよび生計を一にする妻のために支払ったものである。また、医療費控除の金額が最も大きくなるよう計算することとし、セルフメディケーション税制（特定一般用医薬品等購入費を支払った場合の医療費控除の特例）については、考慮しないものとする。

<資料>

支払月	医療等を受けた人	内容	支払金額
1月	大輝さん	人間ドック代（※1）	8万円
5月～6月		入院費用（※2）	30万円
8月	妻	健康増進のためのビタミン剤の購入代	3万円
9月		骨折の治療のために整形外科へ支払った治療費	5万円

（※1）人間ドックの結果、重大な疾病は発見されていない。
（※2）この入院について、加入中の生命保険から入院給付金が6万円支給された。

1. 19万円
2. 25万円
3. 27万円

問13

　下記＜資料＞に基づき、目黒昭雄さんの本年分の所得税を計算する際の所得控除に関する次の記述のうち、最も適切なものはどれか。

＜資料＞

氏名	続柄	年齢	本年分の所得等	備考
目黒　昭雄	本人（世帯主）	５０歳	給与所得６２０万円	会社員
聡美	妻	４８歳	給与所得１００万円	パート
幸一	長男	２１歳	所得なし	大学生
浩二	二男	１４歳	所得なし	中学生

※本年１２月３１日時点のデータである。

※家族は全員、昭雄さんと同居し、生計を一にしている。

※障害者または特別障害者に該当する者はいない。

1．妻の聡美さんは控除対象配偶者となり、昭雄さんは３８万円を控除することができる。

2．長男の幸一さんは特定扶養親族となり、昭雄さんは６３万円を控除することができる。

3．二男の浩二さんは一般の扶養親族となり、昭雄さんは３８万円を控除することができる。

問14　　　　　　　　　　　　　　　　　　　　　　　［2021年5月］

　下記＜資料＞の宅地の借地権（普通借地権）について、路線価方式による相続税評価額として、正しいものはどれか。なお、奥行価格補正率は1.0とし、記載のない条件については一切考慮しないこととする。

＜資料＞

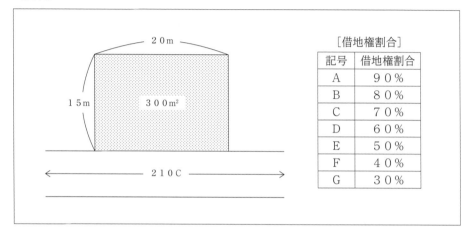

記号	借地権割合
A	９０％
B	８０％
C	７０％
D	６０％
E	５０％
F	４０％
G	３０％

［借地権割合］

1．18,900千円
2．44,100千円
3．63,000千円

問15

　飯田恵子さんは、夫から居住用不動産の贈与を受けた。恵子さんは、この居住用不動産の贈与について、贈与税の配偶者控除の適用を受けることを検討しており、ＦＰで税理士でもある川久保さんに相談をした。この相談に対する川久保さんの回答の空欄（ア）、（イ）にあてはまる数値の組み合わせとして、正しいものはどれか。

> ［川久保さんの回答］
> 「贈与税の配偶者控除を受けるためには、贈与があった日において、配偶者との婚姻期間が（　ア　）年以上あること等の所定の要件を満たす必要があります。また、贈与税の配偶者控除の額は、最高（　イ　）万円です。」

1．（ア）１０　　（イ）２，０００
2．（ア）２０　　（イ）２，０００
3．（ア）２０　　（イ）２，５００

問16

《設 例》

　柴田大地さんは株式会社KEに勤める会社員である。大地さんは今後の生活設計について、FPで税理士でもある唐沢さんに相談をした。なお、下記のデータはいずれも2024年9月1日現在のものである。

[家族構成（同居家族）]

氏名	続柄	生年月日	年齢	職業
柴田　大地	本人	19××年10月10日	52歳	会社員
智子	妻	19××年 8月18日	53歳	専業主婦
誠	長男	20××年 3月 7日	20歳	大学生

[保有財産（時価）]　　　　　　　　　（単位：万円）

金融資産	
普通預金	600
定期預金	2,000
財形年金貯蓄	300
上場株式	450
生命保険（解約返戻金相当額）	250
不動産（自宅マンション）	3,300

[負債残高]

　住宅ローン（自宅マンション）：320万円（債務者は大地さん、団体信用生命保険付き）

[その他]

　上記以外については、各設問において特に指定のない限り一切考慮しないこととする。

ＦＰの唐沢さんは、柴田家のバランスシートを作成した。下表の空欄（ア）にあてはまる金額として、正しいものはどれか。なお、＜設例＞に記載のあるデータに基づいて解答することとする。

＜柴田家のバランスシート＞　　　　　　　　　　　　　　　　（単位：万円）

［資産］	×××	［負債］	×××
		負債合計	×××
		［純資産］	（　ア　）
資産合計	×××	負債・純資産合計	×××

1．3,280（万円）
2．6,330（万円）
3．6,580（万円）

問17

　柴田さんは、今後10年間で積立貯蓄をして、老後の資金として350万円を準備したいと考えている。積立期間中に年利2.0％で複利運用できるものとした場合、350万円を準備するために必要な毎年の積立金額として、正しいものはどれか。なお、下記＜資料＞の3つの係数の中から最も適切な係数を選択して計算し、解答に当たっては、千円未満を切り上げること。また、税金や記載のない事項については一切考慮しないこととする。

＜資料：係数早見表（年利2.0％）＞

	現価係数	資本回収係数	減債基金係数
10年	0.82035	0.11133	0.09133

※記載されている数値は正しいものとする。

1．288,000円
2．320,000円
3．390,000円

問18

　柴田さんは、老後に備え財形年金貯蓄制度を利用している。そこで財形年金貯蓄制度について理解を深めておこうと思い、FPの唐沢さんに質問をした。財形年金貯蓄制度に関する次の記述のうち、最も不適切なものはどれか。

1．貯蓄型の財形年金貯蓄（銀行、証券会社などの財形年金貯蓄）は、財形住宅貯蓄と合わせて元本550万円までの利子等が非課税となる。
2．財形年金貯蓄制度は金融機関を通じて1人2契約まで契約することが可能である。
3．財形年金貯蓄制度の積立期間は5年以上必要である。

問19　　　　　　　　　　　　　　　　　　　　　　［2021年9月改題］

　柴田さんは、通常65歳から支給される老齢基礎年金および老齢厚生年金を繰り下げて受給できることを知り、ＦＰの唐沢さんに質問をした。老齢基礎年金および老齢厚生年金の繰下げ受給に関する次の記述のうち、最も不適切なものはどれか。なお、老齢基礎年金および老齢厚生年金の受給要件は満たしているものとする。

1. 老齢基礎年金および老齢厚生年金を繰り下げて受給した場合の年金額は、繰下げ年数1年当たり7％の割合で増額された額となる。
2. 老齢基礎年金と老齢厚生年金は、どちらか一方のみを繰り下げて受給することができる。
3. 老齢基礎年金および老齢厚生年金を繰り下げて受給した場合には、一生涯増額された年金を受給することになる。

問20　　　　　　　　　　　　　　　　　　　　　　［2021年9月改題］

　柴田さんは、今後高齢の親の介護が必要になった場合を考え、公的介護保険制度について、ＦＰの唐沢さんに質問をした。唐沢さんが行った介護保険に関する次の説明の空欄（ア）～（ウ）にあてはまる数値または語句の組み合わせとして、正しいものはどれか。

> 「介護保険では、（　ア　）歳以上の者を第1号被保険者、40歳以上（　ア　）歳未満の者を第2号被保険者としています。第1号被保険者の介護保険料は、公的年金の受給額が年額（　イ　）万円以上の場合にはその年金から天引きされます。介護保険の給付を受けるためには、（　ウ　）の認定を受ける必要があり、認定審査の判定結果は、『要介護1～5』『要支援1・2』『非該当』と区分されます。要介護と認定されると居宅サービス、施設サービスのどちらも利用できます。」

1. （ア）60　　（イ）12　　（ウ）市町村または特別区
2. （ア）65　　（イ）12　　（ウ）都道府県
3. （ア）65　　（イ）18　　（ウ）市町村または特別区

3級○

問題編　分冊❸

実技試験［金財］個人資産相談業務　チャレンジ 1
実技試験［金財］個人資産相談業務　チャレンジ 2

1　この表紙（色紙）を残したまま問題冊子を取り外してください。
　　「問題冊子」は、チャレンジ1、チャレンジ2の順にとじてあり
　　ます。
2　解答用紙は、「解答＆解説編」の前にとじてあります。
　　切り取ってご使用ください。

「問題冊子」の取り外し方

①この色紙を残し、「問題冊子」だけをつかんでください。
②「問題冊子」をしっかりとつかんだまま手前に引っ張って、
　取り外してください。

「問題冊子」　※チャレンジ1、チャレンジ2の順にとじてあります。

※色紙と「問題冊子」は、のりで接着されていますので、丁寧に取り外
　してください。なお、取り外しの際の破損等による返品・交換には応
　じられませんのでご注意ください。

LEC東京リーガルマインド

2024年度
ファイナンシャル・プランニング技能検定

金 財
3級 実技試験
個人資産相談業務

試験時間 ◆ 60分

《 注 意 事 項 》

1. 本試験の出題形式は、三答択一式5題（15問）です。
2. 携帯電話、筆記用具、計算機は自席（パソコンブース）への持込みはできません。メモ用紙、筆記用具はテストセンターで貸し出されます。計算機については、試験画面上に表示される電卓を利用することができます。
3. 試験問題については、特に指示のない限り、2024年4月1日現在施行の法令等に基づいて解答してください。

さあ、
始めるよ！

東京リーガルマインド

【第1問】 次の設例に基づいて、下記の各問（《問1》～《問3》）に答えなさい。

［2022年1月改題］

《設 例》

　Aさん（49歳）は、X株式会社を2019年10月末日に退職し、個人事業主として独立した。独立から2年以上が経過した現在、事業は軌道に乗り、収入は安定している。

　Aさんは、まもなく50歳を迎えるにあたって、将来受給することができる公的年金の年金額や老後の年金収入を増やす各種制度について知りたいと思うようになった。

　そこで、Aさんは、ファイナンシャル・プランナーのMさんに相談することにした。

＜Aさんに関する資料＞

　(1) 生年月日：1973年6月21日

　(2) 公的年金の加入歴：下図のとおり（60歳までの見込みを含む）。

20歳	22歳	46歳	60歳
国民年金 保険料未納期間 34月	厚生年金保険 被保険者期間 283月	国民年金 保険料納付済期間 163月	

※Aさんは、現在および将来においても、公的年金制度における障害等級に該当する障害の状態にないものとする。

※上記以外の条件は考慮せず、各問に従うこと。

《問1》　はじめに、Mさんは、Aさんが老齢基礎年金の受給を65歳から開始した場合の年金額を試算した。Mさんが試算した老齢基礎年金の年金額の計算式として、次のうち最も適切なものはどれか。なお、老齢基礎年金の年金額は、本年度価額に基づいて計算するものとする。

1) $816,000 円 \times \dfrac{163 月}{480 月}$

2) $816,000 円 \times \dfrac{446 月}{480 月}$

3) $816,000 円 \times \dfrac{446 月 + 34 月 \times 1/2}{480 月}$

《問2》 次に、Mさんは、小規模企業共済制度について説明した。Mさんが、Aさんに対して説明した以下の文章の空欄①~③に入る語句の組合せとして、次のうち最も適切なものはどれか。

「小規模企業共済制度は、個人事業主が廃業等した場合に必要となる資金を準備しておくための制度です。毎月の掛金は、1,000円から（　①　）の範囲内（500円単位）で選択でき、支払った掛金の（　②　）を所得税の小規模企業共済等掛金控除として、総所得金額等から控除することができます。共済金（死亡事由以外）の受取方法には『一括受取り』『分割受取り』『一括受取りと分割受取りの併用』がありますが、このうち、『一括受取り』の共済金（死亡事由以外）は、（　③　）として所得税の課税対象となります」

1)　①70,000円　　②2分の1相当額　　③一時所得
2)　①68,000円　　②2分の1相当額　　③退職所得
3)　①70,000円　　②全額　　　　　　③退職所得

《問3》 最後に、Mさんは、老後の年金収入を増やすことができる各種制度について説明した。MさんのAさんに対する説明として、次のうち最も適切なものはどれか。

1)　「国民年金の付加保険料を納付することで、将来の年金収入を増やすことができます。仮に、Aさんが付加保険料を120月納付し、65歳から老齢基礎年金を受給する場合は、年額48,000円の付加年金を受給することができます」
2)　「国民年金基金は、国民年金の第1号被保険者の老齢基礎年金に上乗せする年金を支給する任意加入の年金制度です。加入は口数制となっており、1口目は2種類の終身年金（A型・B型）のいずれかを選択します」
3)　「Aさんが確定拠出年金の個人型年金に加入する場合、国民年金の付加保険料の納付および国民年金基金への加入はできません」

───《設 例》───

　会社員のAさん（58歳）は、国内の銀行であるX銀行の米ドル建定期預金のキャンペーン広告を見て、その金利の高さに魅力を感じているが、これまで外貨建金融商品を利用した経験がなく、留意点や課税関係について知りたいと思っている。

　そこで、Aさんは、ファイナンシャル・プランナーのMさんに相談することにした。

＜X銀行の米ドル建定期預金に関する資料＞

・預入金額：10,000米ドル

・預入期間：6カ月

・利率（年率）：4.0%（満期時一括支払）

・為替予約なし

※上記以外の条件は考慮せず、各問に従うこと。

※決算期：本年3月29日（金）（配当金の権利が確定する決算期末）

《問4》 Mさんは、《設例》の米ドル建定期預金について説明した。MさんのAさんに対する説明として、次のうち最も適切なものはどれか。

1) 「米ドル建定期預金の満期時の為替レートが、預入時の為替レートに比べて円高・米ドル安となった場合、円換算の運用利回りは向上します」

2) 「X銀行に預け入れた米ドル建定期預金は、金額の多寡にかかわらず、預金保険制度の保護の対象となりません」

3) 「X銀行の米ドル建定期預金に10,000米ドルを預け入れた場合、Aさんが満期時に受け取ることができる利息額は400米ドル（税引前）になります」

《問5》 Aさんが、《設例》および下記の＜資料＞の条件で、10,000米ドルを預け入れ、満期時に円貨で受け取った場合における元利金の合計額として、次のうち最も適切なものはどれか。なお、計算にあたっては税金等を考慮せず、預入期間6カ月は0.5年として計算すること。

＜資料＞適用為替レート（円／米ドル）

	ＴＴＳ	ＴＴＭ	ＴＴＢ
預入時	129.00円	128.50円	128.00円
満期時	131.00円	130.50円	130.00円

1) 1,326,000円
2) 1,331,100円
3) 1,336,200円

《問6》 Mさんは、Aさんに対して、《設例》の米ドル建定期預金に係る課税関係について説明した。Mさんが説明した以下の文章の空欄①～③に入る語句の組合せとして、次のうち最も適切なものはどれか。

i)「AさんがX銀行の米ドル建定期預金に預け入れをした場合、当該預金の利子に係る利子所得は、所得税および復興特別所得税と住民税を合わせて20.315%の税率による（　①　）の対象となります」

ii)「外貨預金による運用では、外国為替相場の変動により、為替差損益が生じることがあります。為替差益は（　②　）として、所得税および復興特別所得税と住民税の課税対象となります。なお、為替差損による損失の金額は、外貨預金の利子に係る利子所得の金額と損益通算することが（　③　）」

1) ①源泉分離課税　　②雑所得　　　③できません
2) ①源泉分離課税　　②一時所得　　③できます
3) ①申告分離課税　　②雑所得　　　③できます

【第3問】 次の設例に基づいて、下記の各問（《問7》〜《問9》）に答えなさい。

［2021年1月改題］

> ------- 《設 例》 -------
>
> 　X株式会社に勤務する会社員のAさんは、妻Bさん、長男Cさんおよび二男Dさんの4人家族である。Aさんは、本年中に「ふるさと納税」の制度を初めて利用し、10の地方自治体に計10万円の寄附を行っている。
>
> ＜Aさんとその家族に関する資料＞
> 　　Aさん（54歳）　　：会社員
> 　　妻Bさん（51歳）　：専業主婦。本年中に、パートタイマーとして給与収入
> 　　　　　　　　　　　　80万円を受け取っている。
> 　　長男Cさん（25歳）：無職。本年中の収入はない。
> 　　二男Dさん（20歳）：大学生。本年中の収入はない。
>
> ＜Aさんの本年分の収入等に関する資料＞
> 　　(1) 給与収入の金額　：820万円
> 　　(2) 不動産所得の金額：100万円
>
> ※妻Bさん、長男Cさんおよび二男Dさんは、Aさんと同居し、生計を一にしている。
> ※Aさんとその家族は、いずれも障害者および特別障害者には該当しない。
> ※Aさんとその家族の年齢は、いずれも本年12月31日現在のものである。
> ※上記以外の条件は考慮せず、各問に従うこと。

《問7》　Aさんの本年分の所得税における総所得金額は、次のうちどれか。

＜資料＞給与所得控除額

給与収入金額		給与所得控除額
万円超	万円以下	
	～　180	収入金額×40％ － 10万円 （55万円に満たない場合は、55万円）
180	～　360	収入金額×30％ ＋ 8万円
360	～　660	収入金額×20％ ＋ 44万円
660	～　850	収入金額×10％ ＋ 110万円
850	～	195万円

1)　628万円

2)　728万円

3)　920万円

《問8》　Aさんの本年分の所得税における所得控除に関する以下の文章の空欄①～③に入る数値の組合せとして、次のうち最も適切なものはどれか。

i.　「妻Bさんの本年分の合計所得金額は25万円です。妻Bさんの合計所得金額は（　①　）万円以下となりますので、Aさんは配偶者控除の適用を受けることができます。Aさんが適用を受けることができる配偶者控除の額は、（　②　）万円です」

ii.　「Aさんが適用を受けることができる扶養控除の額は、（　③　）万円です」

1)　①38　　②26　　③76

2)　①48　　②38　　③101

3)　①103　　②38　　③63

《問9》 Aさんの本年分の所得税の確定申告に関する次の記述のうち、最も不適切なものはどれか。

1) 「不動産所得の金額が20万円を超えるため、Aさんは所得税の確定申告をしなければなりません」
2) 「Aさんは、所得税の確定申告をすることで、ふるさと納税で寄附した10万円の全額について、本年分の所得税額から控除されます」
3) 「確定申告書は、原則として、翌年2月16日から3月15日までの間にAさんの住所地を所轄する税務署長に提出してください」

【第4問】 次の設例に基づいて、下記の各問（《問10》～《問12》）に答えなさい。

［2021年5月改題］

《設 例》

　会社員のAさん（60歳）の母親は、本年1月22日に死亡した。母親が所有していたM市内の不動産のうち、自宅（Aさんの実家）および自宅に隣接する賃貸アパートを母親と同居していたAさんの兄が取得し、Aさんは月極駐車場として活用している甲土地を取得した。遺産分割協議は円滑に行われ、相続税の申告および納税は完了している。

　先日、Aさんは、友人の不動産会社の社長から「ドラッグストアを展開するX社からM市内で駐車場を確保できる甲土地に出店したいと頼まれている。また、地元のマンション開発業者Y社からは、住宅エリアとしても人気のある甲土地での等価交換方式によるマンション建設の提案を受けている。そのほかの可能性を含め、甲土地の有効活用を検討してみないか」とアドバイスされた。

＜甲土地の概要＞

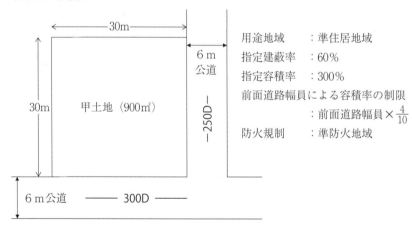

用途地域	：準住居地域
指定建蔽率	：60%
指定容積率	：300%

前面道路幅員による容積率の制限

$$：前面道路幅員 \times \frac{4}{10}$$

| 防火規制 | ：準防火地域 |

・甲土地は、建蔽率の緩和について特定行政庁が指定する角地である。

・指定建蔽率および指定容積率とは、それぞれ都市計画において定められた数値である。

・特定行政庁が都道府県都市計画審議会の議を経て指定する区域ではない。

※上記以外の条件は考慮せず、各問に従うこと。

《問10》 甲土地に賃貸マンション（耐火建築物）を建築する場合の①建蔽率の上限
となる建築面積と②容積率の上限となる延べ面積の組合せとして、次のうち
最も適切なものはどれか。

1) ① 630㎡　　② 2,700㎡
2) ① 720㎡　　② 2,160㎡
3) ① 720㎡　　② 2,700㎡

《問11》 甲土地の有効活用に関する以下の文章の空欄①～③に入る語句または数値
の組合せとして、次のうち最も適切なものはどれか。

> i. 「Aさんが自己建設方式により甲土地に賃貸マンションを建築した場合、相続
> 税の課税価格の計算上、甲土地は貸家建付地として評価されます。貸家建付地
> の価額は、『自用地価額×（　①　）』の算式により評価されます。甲土地の借
> 地権割合は（　②　）％です」
>
> ii. 「甲土地が貸付事業用宅地等に該当すれば、小規模宅地等についての相続税の
> 課税価格の計算の特例の適用を受けることができます。貸付事業用宅地等は、
> （　③　）㎡までの部分について50%の減額が受けられます」

1) ① 借地権割合×賃貸割合　　　　　　　　② 70　　③ 400
2) ①（1－借地権割合×賃貸割合）　　　　　② 70　　③ 200
3) ①（1－借地権割合×借家権割合×賃貸割合）② 60　　③ 200

《問12》 甲土地の有効活用に関する次の記述のうち、最も不適切なものはどれか。

1) 「等価交換方式により、マンションを建築する手法が考えられます。Aさんとし
ては、自己資金を使わず、マンション住戸を取得することができます」
2) 「事業用定期借地権方式により、甲土地を一定期間賃貸する手法が考えられます。
甲土地を手放さず、安定した地代収入を得ることができます」
3) 「建設協力金方式により、甲土地上に建築した店舗をテナントに貸し出す手法が
考えられます。契約期間満了後、借主であるテナントが建物を撤去し、甲土地
は更地で返還されます」

【第5問】 次の設例に基づいて、下記の各問（《問13》～《問15》）に答えなさい。

[2021年9月改題]

―――――――――《設　例》―――――――――

　非上場企業であるＸ株式会社（以下、「Ｘ社」という）の代表取締役社長であったＡさんは、本年7月8日に病気により70歳で死亡した。

　Ａさんは、自宅に自筆証書遺言を残していた。また、妻Ｂさんは、Ｘ社から死亡退職金6,000万円を受け取っている。

＜Ａさんの親族関係図＞

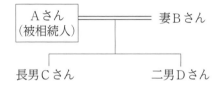

＜Ａさんの主な相続財産（みなし相続財産を含む）＞
・現預金等　　　　　：8,000万円
・自宅（敷地300㎡）：5,000万円（「小規模宅地等についての相続税の課税価格の
　　　　　　　　　　　　　　　　　計算の特例」適用前の相続税評価額）
・自宅（建物）　　　：1,000万円（固定資産税評価額）
・Ｘ社株式　　　　　：1億9,000万円（相続税評価額）
・死亡退職金　　　　：6,000万円

※上記以外の条件は考慮せず、各問に従うこと。

《問13》 Aさんの相続に関する次の記述のうち、最も不適切なものはどれか。

1) 「相続人が自宅に保管されていたAさんの自筆証書遺言を発見した場合、相続人は、遅滞なく、自筆証書遺言を法務局に提出して、その検認を請求しなければなりません」

2) 「Aさんが本年分の所得税および復興特別所得税について確定申告書を提出しなければならない場合に該当するとき、相続人は、原則として、相続の開始があったことを知った日の翌日から4カ月以内に準確定申告書を提出しなければなりません」

3) 「相続税の申告書は、原則として、相続の開始があったことを知った日の翌日から10カ月以内に被相続人であるAさんの死亡時の住所地を所轄する税務署長に提出しなければなりません」

《問14》 Aさんの相続に関する以下の文章の空欄①～③に入る数値の組合せとして、次のうち最も適切なものはどれか。

i. 「Aさんの相続における遺産に係る基礎控除額は、（　①　）万円です」

ii. 「妻Bさんが受け取った死亡退職金6,000万円のうち、相続税の課税価格に算入される金額は、（　②　）万円です」

iii. 「妻Bさんが自宅の敷地を相続により取得し、その敷地の全部について、特定居住用宅地等として『小規模宅地等についての相続税の課税価格の計算の特例』の適用を受けた場合、自宅の敷地（相続税評価額5,000万円）について、相続税の課税価格に算入すべき価額を（　③　）万円とすることができます」

1) ① 4,200　② 4,500　③ 4,000
2) ① 4,800　② 1,500　③ 4,000
3) ① 4,800　② 4,500　③ 1,000

《問15》　Aさんの相続に係る課税遺産総額（「課税価格の合計額－遺産に係る基礎控除額」）が2億9,000万円であった場合の相続税の総額は、次のうちどれか。

1)　7,050万円
2)　9,050万円
3)　1億350万円

＜資料＞相続税の速算表（一部抜粋）

法定相続分に応ずる取得金額		税率	控除額
万円超	万円以下		
	〜　1,000	10%	－
1,000	〜　3,000	15%	50万円
3,000	〜　5,000	20%	200万円
5,000	〜　10,000	30%	700万円
10,000	〜　20,000	40%	1,700万円
20,000	〜　30,000	45%	2,700万円

2024年度
ファイナンシャル・プランニング技能検定

金財
3級 実技試験
個人資産相談業務

試験時間 ◆ 60分

―――《 注 意 事 項 》―――

1. 本試験の出題形式は、三答択一式5題（15問）です。
2. 携帯電話、筆記用具、計算機は自席（パソコンブース）への持込みはできません。メモ用紙、筆記用具はテストセンターで貸し出されます。計算機については、試験画面上に表示される電卓を利用することができます。
3. 試験問題については、特に指示のない限り、2024年4月1日現在施行の法令等に基づいて解答してください。

では、
始めます！

東京リーガルマインド

【第1問】 次の設例に基づいて、下記の各問（《問1》～《問3》）に答えなさい。

［2022年9月改題］

《 設 例 》

　会社員のAさん（39歳）は、妻Bさん（38歳）、長男Cさん（10歳）および二男Dさん（6歳）との4人暮らしである。Aさんは、自分に万一のことがあった場合に、妻Bさんが受給することができる公的年金制度の遺族給付について知りたいと思っている。また、まもなく保険料の徴収が始まる公的介護保険の保険給付についても確認しておきたいと思っている。そこで、Aさんは、ファイナンシャル・プランナーのMさんに相談することにした。

＜Aさんの家族構成＞
・Aさん 　　：1984年11月14日生まれ
　　　　　　　会社員（厚生年金保険・全国健康保険協会管掌健康保険に加入）
・妻Bさん 　：1986年6月20日生まれ
　　　　　　　国民年金に第3号被保険者として加入している。
・長男Cさん：2014年6月1日生まれ
・二男Dさん：2018年1月4日生まれ

＜公的年金加入歴（2024年8月分まで）＞

	20歳　　　　　　 22歳　　　　　　　　　　　　　　　　39歳
Aさん	国民年金 保険料納付済期間 （29月）／厚生年金保険 被保険者期間 （209月）

	20歳　　　　　　 22歳　　　　　Aさんと結婚　　　38歳
妻Bさん	国民年金 保険料納付済期間 （34月）／厚生年金保険 被保険者期間 （48月）／国民年金 第3号被保険者期間 （137月）

※妻Bさん、長男Cさんおよび二男Dさんは、現在および将来においても、Aさんと同居し、Aさんと生計維持関係にあるものとする。
※家族全員、現在および将来においても、公的年金制度における障害等級に該当する障害の状態にないものとする。
※上記以外の条件は考慮せず、各問に従うこと。

《問1》 現時点（2024年9月11日）においてAさんが死亡した場合、妻Bさんに支給される遺族基礎年金の年金額（2024年度価額）は、次のうちどれか。

1) 816,000円 + 78,300円 = 894,300円
2) 816,000円 + 234,800円 = 1,050,800円
3) 816,000円 + 234,800円 + 234,800円 = 1,285,600円

《問2》 Mさんは、現時点（2024年9月11日）においてAさんが死亡した場合に、妻Bさんに支給される遺族厚生年金の金額等について説明した。Mさんが、Aさんに対して説明した以下の文章の空欄①～③に入る語句または数値の組合せとして、次のうち最も適切なものはどれか。

> 「遺族厚生年金の額は、原則として、Aさんの厚生年金保険の被保険者記録を基礎として計算した老齢厚生年金の報酬比例部分の額の（ ① ）相当額となります。ただし、Aさんの場合、その計算の基礎となる被保険者期間の月数が（ ② ）月に満たないため、（ ② ）月とみなして年金額が計算されます。
> また、二男Dさんの18歳到達年度の末日が終了し、妻Bさんの有する遺族基礎年金の受給権が消滅したときは、妻Bさんが65歳に達するまでの間、妻Bさんに支給される遺族厚生年金に（ ③ ）が加算されます」

1) ① 3分の2　　② 240　　③ 中高齢寡婦加算
2) ① 4分の3　　② 300　　③ 中高齢寡婦加算
3) ① 4分の3　　② 240　　③ 経過的寡婦加算

《問3》 Mさんは、公的介護保険（以下、「介護保険」という）について説明した。M さんが、Aさんに対して説明した以下の文章の空欄①～③に入る語句の組合せ として、次のうち最も適切なものはどれか。

> 「介護保険の被保険者が保険給付を受けるためには、市町村（特別区を含む）か ら要介護・要支援認定を受ける必要があります。介護保険の被保険者は、（ ① ） 以上の第1号被保険者と40歳以上（ ① ）未満の医療保険加入者である第2号 被保険者に区分されます。
> 　介護保険の第2号被保険者は、（ ② ）要介護状態または要支援状態となった 場合に保険給付を受けることができます。介護保険の第2号被保険者が介護給付 を受けた場合、原則として、実際にかかった費用（食費、居住費等を除く）の（ ③ ） を自己負担する必要があります」

1) ① 60歳　　② 特定疾病が原因で　　③ 2割
2) ① 65歳　　② 原因を問わず　　　　③ 2割
3) ① 65歳　　② 特定疾病が原因で　　③ 1割

【第2問】 次の設例に基づいて、下記の各問（《問4》〜《問6》）に答えなさい。

［2023年5月改題］

-------- 《設 例》 --------

　会社員のAさん（30歳）は、将来に向けた資産形成のため、株式による運用を考えている。Aさんは、これまで投資経験がなく、株式の銘柄を選ぶ際の判断材料や購入する際の留意点について知りたいと思っている。

　また、投資経験のある友人から勧められた上場不動産投資信託（J-REIT）にも興味を持っている。そこで、Aさんは、ファイナンシャル・プランナーのMさんに相談することにした。Mさんは、Aさんに対して、X社株式（東京証券取引所プライム市場上場銘柄）を例に、説明を行うことにした。

＜X社に関する資料＞

総資産	1兆6,000億円
自己資本（純資産）	9,500億円
当期純利益	750億円
年間配当金総額	120億円
発行済株式数	3億株
株価	2,500円

※決算期：本年6月30日（金）（配当の権利が確定する決算期末）
※上記以外の条件は考慮せず、各問に従うこと。

《問4》 はじめに、Mさんは、X社株式の投資指標について説明した。MさんのAさんに対する説明として、次のうち最も不適切なものはどれか。

1) 「株価の相対的な割高・割安を判断する指標として、PERがあります。＜X社に関する資料＞から算出されるX社株式のPERは、10倍です」
2) 「株価に対する1株当たりの年間配当金の割合を示す指標を配当利回りといいます。＜X社に関する資料＞から算出されるX社株式の配当利回りは、1.6％です」
3) 「PERとPBRは、一般に、どちらも数値が高いほど株価は割安と判断されますが、何倍程度が妥当であるかを検討する際は、同業他社の数値や業界平均値と比較して、相対的な数値として捉えることが重要です」

《問5》 次に、Mさんは、X社株式の購入等についてアドバイスした。MさんのAさんに対するアドバイスとして、次のうち最も適切なものはどれか。

1) 「上場株式を証券取引所の普通取引で売買したときの受渡しは、原則として、約定日（売買成立日）から起算して4営業日目に行われます」
2) 「Aさんは、権利付き最終日である本年6月30日（金）までにX社株式を買付約定すれば、X社株式の次回の期末配当を受け取ることができます」
3) 「Aさんが特定口座（源泉徴収あり）でX社株式を株価2,500円で100株購入し、同年中に株価3,000円で全株売却した場合、その他の取引や手数料等を考慮しなければ、譲渡益5万円に対して20.315％相当額が源泉徴収等されます」

《問6》 最後に、Mさんは、上場不動産投資信託（J-REIT）について説明した。MさんのAさんに対する説明として、次のうち最も不適切なものはどれか。

1) 「上場不動産投資信託（J-REIT）は、投資家から集めた資金を不動産投資法人が不動産等に投資し、その賃貸収入や売買益を投資家に分配する投資信託です」
2) 「上場不動産投資信託（J-REIT）の分配金は、配当所得となり、確定申告をすることで配当控除の適用を受けることができます」
3) 「上場不動産投資信託（J-REIT）は、上場株式と同様に指値注文や成行注文により売買することができます」

【第3問】 次の設例に基づいて、下記の各問（《問7》～《問9》）に答えなさい。

［2021年9月改題］

────── 《設　例》 ──────

　個人事業主である A さんは、開業後直ちに青色申告承認申請書と青色事業専従者給与に関する届出書を所轄税務署長に対して提出している青色申告者である。

　A さんは、過去に会社員をしていた期間があり、2024 年 2 月から特別支給の老齢厚生年金を受給している。

＜A さんとその家族に関する資料＞
- ・A さん　　（64 歳）：個人事業主（青色申告者）
- ・妻 B さん（58 歳）：A さんの事業に専ら従事し、青色事業専従者給与（2024年分：84 万円）の支払を受けている。

＜A さんの 2024 年分の収入等に関する資料＞
- (1)　事業所得の金額：500 万円（青色申告特別控除後）
- (2)　一時払養老保険（10 年満期）の満期保険金
     契約年月　　　　　　　　　　　　：2014 年 7 月
     契約者（＝保険料負担者）・被保険者：A さん
     満期保険金額受取人　　　　　　　：A さん
     死亡保険金受取人　　　　　　　　：妻 B さん
     満期保険金額　　　　　　　　　　：212 万円
     一時払保険料　　　　　　　　　　：200 万円
- (3)　特別支給の老齢厚生年金の年金額　：50 万円

※妻 B さんは、A さんと同居し、生計を一にしている。
※ A さんおよび妻 B さんは、いずれも障害者および特別障害者には該当しない。
※ A さんおよび妻 B さんの年齢は、いずれも 2024 年 12 月 31 日現在のものである。
※上記以外の条件は考慮せず、各問に従うこと。

《問7》 所得税における青色申告制度に関する以下の文章の空欄①〜③に入る語句または数値の組合せとして、次のうち最も適切なものはどれか。

> ⅰ．「事業所得の金額の計算上、青色申告特別控除として最高（　①　）万円を控除することができます。（　①　）万円の青色申告特別控除の適用を受けるためには、事業所得に係る取引を正規の簿記の原則に従い記帳し、その記帳に基づいて作成した貸借対照表、損益計算書その他の計算明細書を添付した確定申告書を法定申告期限内に提出することに加えて、e-Tax による申告（電子申告）または電子帳簿保存を行う必要があります。なお、確定申告書を法定申告期限後に提出した場合、青色申告特別控除額は最高（　②　）万円となります」
>
> ⅱ．「青色申告者が受けられる税務上の特典として、青色申告特別控除のほかに、青色事業専従者給与の必要経費算入、（　③　）の３年間の繰越控除、（　③　）の繰戻還付、棚卸資産の評価について低価法を選択することができることなどが挙げられます」

1) ① 65　　② 55　　③ 雑損失
2) ① 55　　② 10　　③ 雑損失
3) ① 65　　② 10　　③ 純損失

《問8》 Aさんの2024年分の所得税の課税に関する次の記述のうち、最も適切なものはどれか。

1) 「Aさんが適用を受けることができる配偶者控除の控除額は、38万円です」
2) 「公的年金等の収入金額の合計額が60万円以下であるため、公的年金等に係る雑所得の金額は算出されません」
3) 「一時払養老保険の満期保険金に係る保険差益は、源泉分離課税の対象となります」

《問9》 Aさんの2024年分の所得税における総所得金額は、次のうちどれか。

1) 500万円
2) 512万円
3) 550万円

【第4問】 次の設例に基づいて、下記の各問（《問10》～《問12》）に答えなさい。

［2021年1月改題］

《設　例》

　Aさん（58歳）は、2023年9月、父親が死亡し、アスファルト敷きの月極駐車場（甲土地）および実家（建物とその敷地である乙土地）を相続により取得した。父親が1人で暮らしていた実家の建物は、父親が亡くなったときのまま、空き家として放置している。

　Aさんは、別の都市に自宅を保有し、居住しているため、実家に戻る予定はない。築45年の実家の建物は老朽化が激しく、管理にも手間がかかるため、Aさんは実家の建物を取り壊し、乙土地を売却するか、あるいは乙土地上に賃貸マンションを建築することを検討している。

＜甲土地および乙土地の概要＞

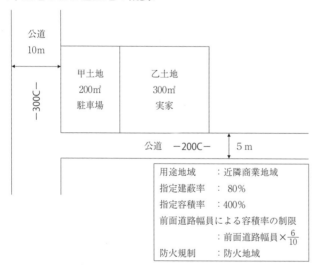

用途地域	：近隣商業地域
指定建蔽率	：80%
指定容積率	：400%
前面道路幅員による容積率の制限	：前面道路幅員×$\frac{6}{10}$
防火規制	：防火地域

・甲土地は、建蔽率の緩和について特定行政庁が指定する角地である。

・指定建蔽率および指定容積率とは、それぞれ都市計画において定められた数値である。

・特定行政庁が都道府県都市計画審議会の議を経て指定する区域ではない。

※上記以外の条件は考慮せず、各問に従うこと。

《問10》 乙土地に耐火建築物を建築する場合の①建蔽率の上限となる建築面積と②容積率の上限となる延べ面積の組合せとして、次のうち最も適切なものはどれか。

1) ① 270㎡ ② 1,200㎡
2) ① 300㎡ ② 1,200㎡
3) ① 300㎡ ② 900㎡

《問11》 「被相続人の居住用財産（空き家）に係る譲渡所得の特別控除の特例」（以下、「本特例」という）に関する以下の文章の空欄①～③に入る語句または数値の組合せとして、次のうち最も適切なものはどれか。

i. 「被相続人の居住用家屋およびその敷地を取得した相続人が、本特例の適用を受けて、その家屋または敷地を譲渡した場合、最高（ ① ）万円の特別控除の適用を受けることができます。本特例の対象となる家屋は、（ ② ）年5月31日以前に建築されたもので、マンションなどの区分所有建物登記がされている建物は対象になりません」

ii. 「本特例の適用を受けるためには、譲渡価額が（ ③ ）円以下であること、2027年12月31日までに行われる譲渡で相続開始日から同日以後3年を経過する日の属する年の12月31日までに譲渡することなど、所定の要件を満たす必要があります」

1) ① 3,000 ② 1981（昭和56） ③ 1億
2) ① 3,000 ② 1991（平成3） ③ 1億6,000万
3) ① 1,000 ② 2001（平成13） ③ 1億6,000万

《問12》 Aさんに対するアドバイスとして、次のうち最も不適切なものはどれか。

1) 「Aさんが金融機関から融資を受けて賃貸マンションを建築した場合、Aさんの相続における相続税額の計算上、当該借入金の残高は債務控除の対象となります」
2) 「甲土地と乙土地を一体とした土地に賃貸マンションを建築する場合、乙土地単独での有効活用に比べて、上限となる容積率が大きくなります」
3) 「甲土地の前面道路（幅員10mの公道）の相続税路線価は、1㎡当たりの価額が300万円であることを示しています」

【第5問】 次の設例に基づいて、下記の各問（《問13》～《問15》）に答えなさい。

［2020年9月改題］

────────── 《設 例》 ──────────

　個人で不動産賃貸業を営むAさん（70歳）は、K市内の自宅で妻Bさん（68歳）との2人暮らしである。

　Aさんには、2人の子がいる。民間企業に勤務する長男Cさん（42歳）は、妻、孫Eさん（10歳）および孫Fさん（8歳）の4人で勤務先の社宅に住んでいる。長男Cさんは、住宅の購入を検討しており、Aさんに資金援助を求めている。長女Dさん（40歳）は、K市内の夫名義の持家に住んでいるが、住宅ローンの返済等で家計に余裕はなく、孫Gさん（15歳）および孫Hさん（12歳）の学費を援助してほしいと期待しているようである。Aさんは、現金の贈与を検討している。

＜Aさんの親族関係図＞

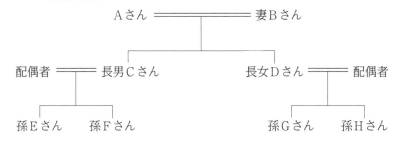

※上記以外の条件は考慮せず、各問に従うこと

《問13》 「直系尊属から住宅取得等資金の贈与を受けた場合の贈与税の非課税」（以下、「本特例」という）に関する次の記述のうち、最も不適切なものはどれか。

1) 「A さんからの資金援助について、長男 C さんが本特例の適用を受けた場合、2,500万円までの贈与について贈与税は課されませんが、その額を超える部分については、一律 20％の税率により贈与税が課されます」

2) 「本特例の適用を受けるためには、長男 C さんの贈与を受けた年分の合計所得金額が 2,000 万円以下であること、取得する住宅用家屋の床面積が 40㎡以上（一定要件あり）240㎡以下であることなど、所定の要件を満たす必要があります」

3) 「本特例の適用を受けるためには、原則として、贈与を受けた年の翌年 2 月 1 日から 3 月 15 日までの間に、本特例の適用を受ける旨を記載した贈与税の申告書に所定の書類を添付して、納税地の所轄税務署長に提出する必要があります」

《問14》 「直系尊属から教育資金の一括贈与を受けた場合の贈与税の非課税」（以下、「本制度」という）に関する次の記述のうち、最も適切なものはどれか。

1) 「本制度の適用を受けた場合、受贈者 1 人につき 1,500 万円までは贈与税が非課税となります。ただし、学習塾などの学校等以外の者に対して直接支払われる金銭については 500 万円が限度となります」

2) 「受贈者である A さんのお孫さんが 22 歳到達年度の末日に達すると、教育資金管理契約は終了します。そのときに、非課税拠出額から教育資金支出額を控除した残額があるときは、当該残額は受贈者のその年分の贈与税の課税価格に算入されます」

3) 「贈与者である A さんが死亡した場合、教育資金管理契約は終了します。そのときに、非課税拠出額から教育資金支出額を控除した残額があるときは、当該残額は受贈者のその年分の贈与税の課税価格に算入されます」

《問15》　仮に、長男Cさんが暦年課税（各種非課税制度の適用はない）により、本年中にAさんから現金800万円の贈与を受けた場合の贈与税額は、次のうちどれか。

＜資料＞贈与税の速算表（一部抜粋）

基礎控除後の課税価格		特例贈与財産		一般贈与財産	
		税率	控除額	税率	控除額
万円超	万円以下				
	～ 200	10％	－	10％	－
200	～ 300	15％	10万円	15％	10万円
300	～ 400	15％	10万円	20％	25万円
400	～ 600	20％	30万円	30％	65万円
600	～ 1,000	30％	90万円	40％	125万円

1)　117万円
2)　150万円
3)　151万円

3級○

問題編　分冊❹

実技試験［金財］保険顧客資産相談業務　チャレンジ 1
実技試験［金財］保険顧客資産相談業務　チャレンジ 2

1　この表紙（色紙）を残したまま問題冊子を取り外してください。
　「問題冊子」は、チャレンジ1、チャレンジ2の順にとじてあり
　ます。
2　解答用紙は、「解答＆解説編」の前にとじてあります。
　切り取ってご使用ください。

「問題冊子」の取り外し方

①この色紙を残し、「問題冊子」だけをつかんでください。
②「問題冊子」をしっかりとつかんだまま手前に引っ張って、
　取り外してください。

「問題冊子」 ※チャレンジ1、チャレンジ2の順にとじてあります。

※色紙と「問題冊子」は、のりで接着されていますので、丁寧に取り外
　してください。なお、取り外しの際の破損等による返品・交換には応
　じられませんのでご注意ください。

LEC東京リーガルマインド

2024年度
ファイナンシャル・プランニング技能検定

金財

3級 実技試験

保険顧客資産相談業務

試験時間 ◆ 60分

《 注意事項 》

1. 本試験の出題形式は、三答択一式5題（15問）です。
2. 携帯電話、筆記用具、計算機は自席（パソコンブース）への持込みはできません。メモ用紙、筆記用具はテストセンターで貸し出されます。計算機については、試験画面上に表示される電卓を利用することができます。
3. 試験問題については、特に指示のない限り、2024年4月1日現在施行の法令等に基づいて解答してください。

さあ、
始めるよ！

東京リーガルマインド

【第1問】 次の設例に基づいて、下記の各問（《問1》～《問3》）に答えなさい。

［2021年9月改題］

《設 例》

　個人事業主のAさん（55歳）は、妻Bさん（55歳）との2人暮らしである。Aさんは、大学卒業後に入社した広告代理店を退職後、40歳のときに個人事業主として独立した。Aさんは、最近、老後の資金計画を検討するにあたり、公的年金制度から支給される老齢給付について知りたいと思っている。また、Aさんは、70歳までは働きたいと考えており、老齢基礎年金の繰下げ支給についても理解を深めたいと考えている。

　そこで、Aさんは、ファイナンシャル・プランナーのMさんに相談することにした。

＜Aさん夫妻に関する資料＞

(1) Aさん（1967年11月13日生まれ）

　　公的年金加入歴：下図のとおり（60歳までの見込みを含む）

　　20歳から大学生であった期間（29月）は国民年金に任意加入していない。

　　国民健康保険に加入中

20歳　　　　　22歳		60歳
国民年金 未加入期間 29月	厚生年金保険 被保険者期間 212月	国民年金 保険料納付済期間 239月

(2) 妻Bさん（1968年8月22日生まれ）

　　公的年金加入歴：下図のとおり（60歳までの見込みを含む）

　　高校卒業後の18歳からAさんと結婚するまでの10年間（120月）、会社員として厚生年金保険に加入。結婚後は、国民年金に第3号被保険者として加入し、Aさんの独立後は、国民年金に第1号被保険者として加入している。

18歳　　　　Aさんと結婚		60歳
厚生年金保険 被保険者期間 120月	国民年金 第3号被保険者期間 128月	国民年金 保険料納付済期間 248月

※妻Bさんは、現在および将来においても、Aさんと同居し、Aさんと生計維持関係にあるものとする。

※Aさんおよび妻Bさんは、現在および将来においても、公的年金制度における障害等級に該当する障害の状態にないものとする。

※上記以外の条件は考慮せず、各問に従うこと。

《問1》　はじめに、Mさんは、《設例》の＜Aさん夫妻に関する資料＞に基づき、Aさん および妻Bさんが老齢基礎年金の受給を65歳から開始した場合の年金額（本 年度価額）を試算した。Mさんが試算した老齢基礎年金の年金額の計算式の組 合せとして、次のうち最も適切なものはどれか。

1)　Aさん：816,000円×$\dfrac{239 月}{480 月}$　　妻Bさん：816,000円×$\dfrac{376 月}{480 月}$

2)　Aさん：816,000円×$\dfrac{451 月}{480 月}$　　妻Bさん：816,000円×$\dfrac{480 月}{480 月}$

3)　Aさん：816,000円×$\dfrac{451 月}{480 月}$　　妻Bさん：816,000円×$\dfrac{496 月}{480 月}$

《問2》　次に、Mさんは、老齢基礎年金の繰上げ支給および繰下げ支給について説明 した。Mさんが、Aさんに対して説明した以下の文章の空欄①～③に入る語句 または数値の組合せとして、次のうち最も適切なものはどれか。

> 「Aさんが（　①　）歳に達する前に老齢基礎年金の請求をしなかった場合、A さんは（　①　）歳に達した日以後の希望するときから、老齢基礎年金の繰下げ 支給の申出をすることができます。支給開始を繰り下げた場合は、繰り下げた月 数に応じて年金額が増額されます。仮に、Aさんが70歳0カ月で老齢基礎年金の 繰下げ支給の申出をした場合、年金の増額率は（　②　）％となります。
> 　また、老齢基礎年金の繰上げ支給の請求をすることもできますが、繰り上げ た月数に応じて年金額は減額されます。仮に、Aさんが老齢基礎年金の繰上げ 支給の請求をする場合、その請求と同時に老齢厚生年金の繰上げ支給の請求を （　③　）」

1)　①65　　②30　　③しなければなりません

2)　①66　　②30　　③するかどうか選択することができます

3)　①66　　②42　　③しなければなりません

《問3》 最後に、Mさんは、Aさんおよび妻Bさんが受給することができる公的年金制度からの老齢給付について説明した。MさんのAさんに対する説明として、次のうち最も適切なものはどれか。

1) 「A さんには国民年金の未加入期間がありますが、60 歳から 65 歳になるまでの間、その未加入期間に相当する月数について、国民年金に任意加入して保険料を納付した場合、老齢基礎年金の年金額を増額することができます」

2) 「A さんが 65 歳から受給することができる老齢厚生年金の額には、配偶者の加給年金額が加算されます」

3) 「妻 B さんは、原則として 64 歳から報酬比例部分のみの特別支給の老齢厚生年金を受給することができます」

【第2問】 次の設例に基づいて、下記の各問（《問4》〜《問6》）に答えなさい。

[2022年1月]

―――――――――――――――― 《設 例》 ――――――――――――――――

　会社員のAさん（40歳）は、妻Bさん（35歳）および長男Cさん（0歳）との3人暮らしである。Aさんは、長男Cさんの誕生を機に、生命保険の加入を検討していたところ、先日、Aさんの職域を担当する生命保険会社の営業担当者から下記の生命保険の提案を受けた。

　そこで、Aさんは、ファイナンシャル・プランナーのMさんに相談することにした。

＜Aさんが提案を受けた生命保険に関する資料＞

・保険の種類　　　　　　　　　　：5年ごと配当付特約組立型総合保険（注1）
・月払保険料　　　　　　　　　　：20,100円
・保険料払込期間　　　　　　　　：70歳満了
・契約者（＝保険料負担者）・被保険者：Aさん
・死亡保険金受取人　　　　　　　：妻Bさん
・指定代理請求人　　　　　　　　：妻Bさん

特約の内容	保障金額	保険期間
終身保険特約	200万円	終身
定期保険特約	3,000万円	10年
三大疾病一時金特約（注2）	一時金200万円	10年
総合医療特約（180日型）	1日目から日額10,000円	10年
先進医療特約	先進医療の技術費用と同額	10年
指定代理請求特約	―	―
リビング・ニーズ特約	―	―

（注1）複数の特約を自由に組み合わせて加入することができる保険
（注2）がん（上皮内がんを含む）と診断確定された場合、または急性心筋梗塞・脳卒中で所定の状態に該当した場合に一時金が支払われる（死亡保険金の支払はない）。

※上記以外の条件は考慮せず、各問に従うこと。

《問4》 はじめに、Ｍさんは、現時点の必要保障額を試算することにした。下記の
＜算式＞および＜条件＞に基づき、Ａさんが現時点で死亡した場合の必要保障額
は、次のうちどれか。

＜算式＞

必要保障額＝遺族に必要な生活資金等の支出の総額－遺族の収入見込金額

＜条件＞

1. 長男Ｃさんが独立する年齢は、22歳（大学卒業時）とする。
2. Ａさんの死亡後から長男Ｃさんが独立するまで（22年間）の生活費は、現在の日常生活費（月額30万円）の70％とし、長男Ｃさんが独立した後の妻Ｂさんの生活費は、現在の日常生活費（月額30万円）の50％とする。
3. 長男Ｃさん独立時の妻Ｂさんの平均余命は、32年とする。
4. Ａさんの死亡整理資金（葬儀費用等）、緊急予備資金は、500万円とする。
5. 長男Ｃさんの教育資金の総額は、1,300万円とする。
6. 長男Ｃさんの結婚援助資金の総額は、200万円とする。
7. 住宅ローン（団体信用生命保険に加入）の残高は、2,000万円とする。
8. 死亡退職金見込額とその他金融資産の合計額は、1,800万円とする。
9. Ａさん死亡後に妻Ｂさんが受け取る公的年金等の総額は、7,500万円とする。

1) 4,004万円
2) 6,004万円
3) 1億3,504万円

《問5》 次に、Mさんは、生命保険の加入について説明した。MさんのAさんに対する説明として、次のうち最も不適切なものはどれか。

1) 「Aさんが提案を受けた生命保険の死亡保障の金額は、現時点での必要保障額をカバーしていません。どの程度の死亡保障を準備するか、支出可能な保険料を把握したうえでご検討ください」

2) 「生命保険は、一度加入したら終わりではありません。必要保障額は、通常、お子さまの成長とともに逓増していきますので、ライフイベントに合わせて、保障内容を定期的に見直すことが大切です」

3) 「保障金額や保障内容を準備するうえでは、目的に応じた加入をされることをお勧めします。例えば、Aさんの葬儀費用やお子さまの教育資金は終身保険や定期保険特約等の一時金タイプで準備し、残されたご家族の生活費は収入保障特約等の年金タイプで準備することなどが考えられます」

《問6》 最後に、Mさんは、Aさんが提案を受けた生命保険の保障内容について説明した。MさんのAさんに対する説明として、次のうち最も不適切なものはどれか。

1) 「Aさんが、がんに罹患した場合、三大疾病一時金特約から200万円を受け取ることができます。ただし、通常、がんの保障については契約日から4カ月間の免責期間があります」

2) 「Aさんが提案を受けた生命保険には、総合医療特約が付加されていますが、がん保障に特化したものや、入院1日目（日帰り入院）から相応の一時金が支払われるものなど、Aさんのニーズに合わせて医療保障を充実させることも検討事項の1つになります」

3) 「Aさんが、厚生労働大臣が定めた先進医療による療養を受けた場合、先進医療特約から先進医療給付金を受け取ることができます。また、所定の先進医療については、一部の医療機関において、保険会社から医療機関へ直接技術料を支払う制度もありますので、特約に関する内容をご確認ください」

【第3問】 次の設例に基づいて、下記の各問（《問7》～《問9》）に答えなさい。

［2020年1月］

> ──────────────── 《設　例》 ────────────────
>
> 　Aさん（45歳）は、X株式会社（以下、「X社」という）の創業社長である。Aさんは、先日、生命保険会社の営業担当者から、自身の退職金の準備および事業保障資金の確保を目的とした下記の生命保険の提案を受けた。
>
> 　そこで、Aさんは、ファイナンシャル・プランナーのMさんに相談することにした。
>
> ＜資料＞Aさんが提案を受けた生命保険の内容
>
> 保険の種類　　　　　　　：低解約返戻金型終身保険（特約付加なし）
> 契約者（＝保険料負担者）：X社
> 被保険者　　　　　　　　：Aさん
> 死亡保険金受取人　　　　：X社
> 保険料払込期間　　　　　：65歳満了
> 死亡・高度障害保険金額　：5,000万円
> 年払保険料　　　　　　　：220万円
>
> ※解約返戻金額の80％の範囲内で、契約者貸付制度を利用することができる。
> ※保険料払込期間を「低解約返戻金期間」とし、その期間は解約返戻金額を低解約返戻金型ではない終身保険の70％程度に抑えている。
>
> ※上記以外の条件は考慮せず、各問に従うこと。

《問7》 仮に、将来X社がAさんに役員退職金4,000万円を支給した場合、Aさんが受け取る役員退職金に係る退職所得の金額として、次のうち最も適切なものはどれか。なお、Aさんの役員在任期間（勤続年数）を30年とし、これ以外に退職手当等の収入はなく、障害者になったことが退職の直接の原因ではないものとする。

1) 1,200万円
2) 1,250万円
3) 2,500万円

《問8》 Mさんは、《設例》の＜資料＞の終身保険について説明した。MさんのAさんに対する説明として、次のうち最も不適切なものはどれか。

1) 「当該終身保険は、保険料払込期間における解約返戻金額を抑えることで、低解約返戻金型ではない終身保険と比較して保険料が割安となっています」
2) 「Aさんの退任時に、役員退職金の一部として当該終身保険の契約者をAさん、死亡保険金受取人をAさんの相続人に名義変更することで、当該終身保険を個人の保険として継続することが可能です」
3) 「保険期間中に急な資金需要が発生した際、契約者貸付制度を利用することにより、当該終身保険契約を解約することなく、資金を調達することができます。なお、契約者貸付金は、雑収入として益金の額に算入します」

《問9》 《設例》の＜資料＞の終身保険を下記＜条件＞で解約した場合の経理処理（仕訳）として、次のうち最も適切なものはどれか。

＜条件＞

・低解約返戻金期間経過後に解約し、受け取った解約返戻金額は4,600万円である。

・X社が解約時までに支払った保険料の総額は4,400万円である。

・上記以外の条件は考慮しないものとする。

1)

借　　　方	貸　　　方
現 金 ・ 預 金　　4,600万円	保 険 料 積 立 金　　4,400万円
	雑　 収 　入　　　　200万円

2)

借　　　方	貸　　　方
現 金 ・ 預 金　　4,600万円	前 払 保 険 料　　2,200万円
	雑　 収 　入　　2,400万円

3)

借　　　方	貸　　　方
現 金 ・ 預 金　　4,600万円	前 払 保 険 料　　2,200万円
	定 期 保 険 料　　2,200万円
	雑　 収 　入　　　　200万円

【第4問】 次の設例に基づいて、下記の各問（《問10》～《問12》）に答えなさい。

［2023年5月改題］

《設　例》

　　会社員のAさんは、妻Bさんおよび長女Cさんとの3人家族である。Aさんは、住宅ローンを利用して本年10月に新築マンションを取得（契約締結）し、同月中に入居した。

＜Aさんとその家族に関する資料＞

　Aさん　　　（44歳）：会社員

　妻Bさん　　（43歳）：本年中に、パートタイマーとして給与収入90万円を得ている。

　長女Cさん（16歳）：高校生。本年中の収入はない。

＜Aさんの本年分の収入等に関する資料＞

　(1) 給与収入の金額　　　　　　　　　　：780万円

　(2) 一時払変額個人年金保険（10年確定年金）の解約返戻金

　　　契約年月　　　　　　　　　　　　　：2016年6月

　　　契約者（＝保険料負担者）・被保険者：Aさん

　　　死亡保険金受取人　　　　　　　　　：妻Bさん

　　　解約返戻金額　　　　　　　　　　　：550万円

　　　正味払込保険料　　　　　　　　　　：500万円

＜Aさんが利用した住宅ローンに関する資料＞

　借入年月日　　　　　　　：本年10月20日

　本年12月末の借入金残高：2,000万円

　※住宅借入金等特別控除の適用要件は、すべて満たしている。

※妻Bさんおよび長女Cさんは、Aさんと同居し、生計を一にしている。

※Aさんとその家族は、いずれも障害者および特別障害者には該当しない。

※Aさんとその家族の年齢は、いずれも本年12月31日現在のものである。

※上記以外の条件は考慮せず、各問に従うこと。

《問10》 Aさんの本年分の所得税における総所得金額は、次のうちどれか。

＜資料＞給与所得控除額

給与収入金額		給与所得控除額
万円超	万円以下	
～	180	収入金額×40% － 10万円 $\left(\begin{smallmatrix}55万円に満たない\\場合は、55万円\end{smallmatrix}\right)$
180 ～	360	収入金額×30% ＋ 8万円
360 ～	660	収入金額×20% ＋ 44万円
660 ～	850	収入金額×10% ＋ 110万円
850 ～		195万円

1) 592万円
2) 642万円
3) 780万円

《問11》 Aさんの本年分の所得税の課税に関する次の記述のうち、最も適切なものはどれか。

1) 「Aさんが受け取った一時払変額個人年金保険の解約返戻金は、源泉分離課税の対象となります」
2) 「Aさんが適用を受けることができる配偶者控除の額は、38万円です」
3) 「Aさんが適用を受けることができる扶養控除の額は、63万円です」

《問12》 住宅借入金等特別控除に関する以下の文章の空欄①〜③に入る語句または数値の組合せとして、次のうち最も適切なものはどれか。

ⅰ）「Aさんの場合、本年分の所得税に係る住宅借入金等特別控除の控除額は、『住宅ローンの年末残高×（ ① ）％』の算式により算出され、住宅借入金等特別控除の控除期間は、最長で（ ② ）年間となります」

ⅱ）「住宅借入金等特別控除の適用を受ける最初の年分は、所得税の確定申告を行う必要があります。確定申告書は、Aさんの（ ③ ）を所轄する税務署長に提出します」

---

1) ① 0.7　　② 13　　③ 住所地
2) ① 1.0　　② 10　　③ 住所地
3) ① 0.7　　② 10　　③ 勤務地

《設 例》

　Aさん（72歳）は、妻Bさん（68歳）および長女Cさん（38歳）とX市内の自宅で同居している。長女Cさんは、X市役所に公務員として勤務している。また、長男Dさん（37歳）は、県外で会社員として働いており、X市に戻る予定はない。

　Aさんは、普段から身の回りの世話をしてくれる長女Cさんに対して、現金の贈与をしたいと考えている。

　また、長女Cさんと長男Dさんの関係は悪くないものの、Aさんは、自身の相続が起こった際に遺産分割で争いが生じるのではないかと心配している。

＜Aさんの親族関係図＞

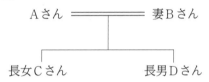

```
     Aさん ━━━━━━ 妻Bさん
              │
      ┌───────┴───────┐
   長女Cさん          長男Dさん
```

＜Aさんの推定相続人＞
・妻Bさん　　：Aさんおよび長女Cさんと同居している。
・長女Cさん：公務員。Aさん夫妻と同居している。
・長男Dさん：会社員。妻と子2人で戸建て住宅（持家）に住んでいる。

＜Aさんの主な所有財産（相続税評価額）＞
・現預金　　　　　　：8,000万円
・自宅（敷地300㎡）：7,000万円（注）
・自宅（建物）　　　：3,000万円

（注）「小規模宅地等についての相続税の課税価格の計算の特例」適用前の金額
※上記以外の条件は考慮せず、各問に従うこと。

《問13》　生前贈与に関する次の記述のうち、最も適切なものはどれか。

1) 「Aさんが長女Cさんに現金を贈与し、長女Cさんが暦年課税を選択した場合、その年にAさんから長女Cさんへ贈与した財産の価額が贈与税の基礎控除額を超えるときは、贈与したAさんが贈与税の申告書を提出しなければなりません」

2) 「Aさんが長女Cさんに現金を贈与し、長女Cさんが相続時精算課税制度を選択した場合、累計で3,000万円までの贈与について贈与税は課されません」

3) 「Aさんが長女Cさんに現金を贈与し、長女Cさんが相続時精算課税制度を選択した場合、その選択をした年分以降にAさんから長女Cさんへ贈与する財産について、暦年課税へ変更することはできません」

《問14》　Aさんの相続等に関する次の記述のうち、最も適切なものはどれか。

1) 「妻Bさんが自宅の敷地を相続により取得し、『小規模宅地等についての相続税の課税価格の計算の特例』の適用を受けた場合、自宅の敷地について相続税の課税価格に算入すべき価額は5,600万円となります」

2) 「円滑な遺産分割のための手段として遺言書の作成をお勧めします。自筆証書遺言は、その遺言の全文および財産目録をパソコンで作成し、日付および氏名を自書して押印することで作成することができます」

3) 「契約者（＝保険料負担者）および被保険者をAさん、死亡保険金受取人を推定相続人とする終身保険に加入することをお勧めします。死亡保険金受取人が受け取る死亡保険金は、『500万円×法定相続人の数』を限度として、死亡保険金の非課税金額の規定の適用を受けることができます」

《問15》 仮に、Aさんの相続が現時点（本年5月23日）で開始し、Aさんの相続に係る課税遺産総額（課税価格の合計額－遺産に係る基礎控除額）が9,000万円であった場合の相続税の総額は、次のうちどれか。

＜資料＞相続税の速算表（一部抜粋）

法定相続分に応ずる取得金額		税率	控除額
万円超	万円以下		
～	1,000	10%	－
1,000 ～	3,000	15%	50万円
3,000 ～	5,000	20%	200万円
5,000 ～	10,000	30%	700万円

1) 1,200万円
2) 1,275万円
3) 2,000万円

2024年度
ファイナンシャル・プランニング技能検定

金財
3級 実技試験
保険顧客資産相談業務

試験時間 ◆ 60分

《 注 意 事 項 》

1. 本試験の出題形式は、三答択一式5題（15問）です。
2. 携帯電話、筆記用具、計算機は自席（パソコンブース）への持込みはできません。メモ用紙、筆記用具はテストセンターで貸し出されます。計算機については、試験画面上に表示される電卓を利用することができます。
3. 試験問題については、特に指示のない限り、2024年4月1日現在施行の法令等に基づいて解答してください。

では、
始めます！

東京リーガルマインド

【第1問】 次の設例に基づいて、下記の各問（《問1》～《問3》）に答えなさい。

［2022年5月改題］

━━━━━━━━━━━━━━━━ 《設　例》 ━━━━━━━━━━━━━━━━

　会社員のAさん（35歳）は、妻Bさん（32歳）および長男Cさん（0歳）との3人暮らしである。

　Aさんは、今年4月に長男Cさんが誕生したことを機に、生命保険の見直しを考えている。Aさんは、その前提として、自分が死亡した場合の公的年金制度からの遺族給付の支給について理解しておきたいと思っている。

　そこで、Aさんは、懇意にしているファイナンシャル・プランナーのMさんに相談することにした。

＜Aさんの家族構成＞
・Aさん　　　：1988年8月16日生まれ
　　　　　　　　会社員（厚生年金保険・全国健康保険協会管掌健康保険に加入）
・妻Bさん　　：1991年6月14日生まれ
　　　　　　　　国民年金に第3号被保険者として加入している。
・長男Cさん：2024年4月20日生まれ

＜公的年金加入歴（2024年4月分まで）＞

	20歳	22歳		35歳
Aさん	国民年金 保険料納付済期間 （32月）	厚　生　年　金　保　険 （157月）		

	20歳	22歳		Aさんと結婚　32歳
妻Bさん	国民年金 保険料納付済期間 （34月）	厚　生　年　金　保　険 （96月）	国民年金 （25月）	

※妻Bさんおよび長男Cさんは、現在および将来においても、Aさんと同居し、Aさんと生計維持関係にあるものとする。
※家族全員、現在および将来においても、公的年金制度における障害等級に該当する障害の状態にないものとする。
※上記以外の条件は考慮せず、各問に従うこと。

《問1》 現時点（2024年5月22日）においてAさんが死亡した場合、妻Bさんに支給される遺族基礎年金の年金額（2024年度価額）は、次のうちどれか。

1) 816,000円
2) 816,000円＋234,800円＝1,050,800円
3) 816,000円＋234,800円＋78,300円＝1,129,100円

《問2》 Mさんは、現時点（2024年5月22日）においてAさんが死亡した場合に妻Bさんに支給される遺族厚生年金の金額等について説明した。Mさんが、Aさんに対して説明した以下の文章の空欄①〜③に入る語句の組合せとして、次のうち最も適切なものはどれか。

> 「現時点においてAさんが死亡した場合、妻Bさんに対して遺族厚生年金と遺族基礎年金が支給されます。
> 　遺族厚生年金の額は、原則として、Aさんの厚生年金保険の被保険者記録を基礎として計算した老齢厚生年金の報酬比例部分の額の（　①　）に相当する額になります。ただし、その計算の基礎となる被保険者期間の月数が（　②　）に満たないときは、（　②　）とみなして年金額が計算されます。
> 　また、長男Cさんの（　③　）到達年度の末日が終了すると、妻Bさんの有する遺族基礎年金の受給権は消滅します。その後、妻Bさんが65歳に達するまでの間、妻Bさんに支給される遺族厚生年金には、中高齢寡婦加算が加算されます」

1) ①　3分の2　　　②　480月　　　③　18歳
2) ①　4分の3　　　②　480月　　　③　20歳
3) ①　4分の3　　　②　300月　　　③　18歳

《問3》 Mさんは、Aさんに対して、現時点（2024年5月22日）においてAさんが死亡した場合の妻Bさんに係る遺族給付の各種取扱い等について説明した。MさんのAさんに対する説明として、次のうち最も適切なものはどれか。

1) 「遺族基礎年金および遺族厚生年金は、原則として、偶数月に2カ月分が支給されます」
2) 「遺族基礎年金および遺族厚生年金は、雑所得として総合課税の対象となります」
3) 「Aさんの死亡後に妻Bさんが厚生年金保険の被保険者として勤務した場合、妻Bさんの給与収入に応じて、遺族厚生年金の年金額の一部または全部が支給停止となる場合があります」

【第2問】 次の設例に基づいて、下記の各問（《問4》～《問6》）に答えなさい。

［2021年5月］

《設　例》

　独身である会社員のAさん（40歳・男性）は、先日、生命保険会社の営業担当者から、介護に対する保障の準備として＜資料1＞の生命保険、資産形成の方法として＜資料2＞の生命保険の提案を受け、加入を検討している。

　そこで、Aさんは、ファイナンシャル・プランナーのMさんに相談することにした。

＜資料1＞
- 保険の種類　　　　　　　　　　　　　：無配当終身介護保障保険（終身払込）
- 月払保険料　　　　　　　　　　　　　：8,700円
- 契約者(＝保険料負担者)・被保険者・受取人：Aさん
- 指定代理請求人　　　　　　　　　　　：母Bさん

主契約および特約の内容	保障金額	保険期間
終身介護保障保険（注）	介護終身年金　年額60万円	終身
介護一時金特約（注）	一時金　300万円	終身
指定代理請求特約	－	－

（注）公的介護保険制度の要介護2以上と認定された場合、または保険会社所定の要介護状態になった場合に支払われる（死亡保険金の支払はない）。

＜資料２＞

・保険の種類	：５年ごと利差配当付個人年金保険
・契約者（＝保険料負担者）・被保険者・年金受取人	：Ａさん
・死亡保険金受取人	：母Ｂさん
・保険料払込満了年齢	：65歳
・年金開始年齢	：65歳
・月払保険料	：15,000円
・払込保険料累計額（①）	：450万円（25年間）
・年金の種類	：10年確定年金
・年金開始時の一括受取額	：約456万円
・基本年金年額	：46.4万円
・年金受取累計額（②）	：464万円
・年金受取率（②÷①）	：103.1％（小数点第２位以下切捨て）
・特約	：個人年金保険料税制適格特約付加

※所定の範囲内で、契約者貸付制度を利用することができる。

※上記以外の条件は考慮せず、各問に従うこと。

《問４》 はじめに、Ｍさんは、公的介護保険（以下、「介護保険」という）について説明した。Ｍさんが、Ａさんに対して説明した以下の文章の空欄①〜③に入る語句または数値の組合せとして、次のうち最も適切なものはどれか。

「介護保険の被保険者が介護給付を受けるためには、市町村（特別区を含む）から要介護認定を受ける必要があります。また、介護保険の第２号被保険者は、（ ① ）要介護状態となった場合に介護給付を受けることができます。

介護保険の第２号被保険者が介護給付を受けた場合、実際にかかった費用（食費、居住費等を除く）の（ ② ）割を自己負担する必要がありますが、同一月内の介護サービス利用者負担額が、一定の上限額を超えた場合、所定の手続により、（ ③ ）の支給を受けることができます」

1) ① 原因を問わず　　② 1　　③ 高額療養費

2) ① 特定疾病が原因で　　② 1　　③ 高額介護サービス費

3) ① 特定疾病が原因で　　② 3　　③ 高額療養費

《問5》 次に、Mさんは、《設例》の＜資料１＞および＜資料２＞の生命保険の保障内容
等について説明した。MさんのAさんに対する説明として、次のうち最も適切
なものはどれか。

1) 「Aさんが要介護状態となり働けなくなった場合、Aさんの収入の減少が想定さ
   れます。介護費用がかさみ、支出が収入を上回る可能性もありますので、生命
   保険により、介護年金や介護一時金を準備することは検討に値します」

2) 「厚生労働省の令和元年簡易生命表によると、男性の平均寿命は87.45歳（年）、
   女性の平均寿命は81.41歳（年）であり、男性のほうが平均寿命が長く、老後の
   生活資金の準備は、女性よりも男性のほうがその必要性が高いと思われます」

3) 「提案を受けている個人年金保険に加入後、年金受取開始前にAさんが亡くなっ
   た場合、死亡保険金受取人は、契約時に定めた年金受取総額を死亡保険金とし
   て受け取ることができます」

《問6》 最後に、Mさんは、《設例》の＜資料１＞および＜資料２＞の生命保険の課税関
係について説明した。MさんのAさんに対する説明として、次のうち最も適切
なものはどれか。

1) 「支払保険料のうち、＜資料１＞の生命保険に係る保険料は介護医療保険料控除
   の対象となり、＜資料２＞の生命保険に係る保険料は個人年金保険料控除の対
   象となります。それぞれの控除の適用限度額は、所得税で50,000円、住民税で
   35,000円です」

2) 「Aさんが個人年金保険から確定年金として年金を受け取った場合、当該年金は
   雑所得の収入金額として総合課税の対象となります」

3) 「Aさんが所定の要介護状態となり、介護一時金特約から一時金を受け取った場
   合、当該一時金は一時所得の収入金額として総合課税の対象となります」

【第3問】 次の設例に基づいて、下記の各問（《問7》〜《問9》）に答えなさい。

［2024年1月］

―――――――――――――《設 例》――――――――――――――

　Aさん（48歳）は、X株式会社（以下、「X社」という）の創業社長である。X社は、現在、役員退職金の準備を目的として、下記の〈資料1〉の生命保険に加入している。

　Aさんは先日、生命保険会社の営業担当者であるファイナンシャル・プランナーのMさんから、下記の〈資料2〉の生命保険の提案を受けた。

〈資料1〉X社が現在加入している生命保険に関する資料

保険の種類	：5年ごと利差配当付長期平準定期保険（特約付加なし）
契約年月日	：2015年6月1日
契約者（＝保険料負担者）	：X社
被保険者	：Aさん
死亡保険金受取人	：X社
死亡・高度障害保険金額	：1億円
保険期間・保険料払込期間	：98歳満了
年払保険料	：230万円
65歳時の解約返戻金額	：4,950万円
65歳時の払込保険料累計額	：5,750万円

※解約返戻金額の80％の範囲内で、契約者貸付制度を利用することができる。
※保険料の払込みを中止し、払済終身保険に変更することができる。

〈資料2〉Aさんが提案を受けた生命保険に関する資料

保険の種類	：無配当特定疾病保障定期保険（無解約返戻金型・特約付加なし）
契約者（＝保険料負担者）	：X社
被保険者	：Aさん
死亡保険金受取人	：X社
死亡・高度障害・特定疾病保険金額	：5,000万円
保険期間	：10年（自動更新タイプ）
年払保険料	：50万円

※死亡・所定の高度障害状態に該当した場合に加え、がん（悪性新生物）と診断確定された場合、または急性心筋梗塞・脳卒中で所定の状態に該当した場合に保険金が契約者に支払われる。

※上記以外の条件は考慮せず、各問に従うこと。

- 23 -

《問7》 仮に、将来X社がAさんに役員退職金4,000万円を支給した場合、Aさんが受け取る役員退職金に係る退職所得の金額として、次のうち最も適切なものはどれか。なお、Aさんの役員在任期間（勤続年数）を25年とし、これ以外に退職手当等の収入はなく、障害者になったことが退職の直接の原因ではないものとする。

1) 1,425万円
2) 1,500万円
3) 2,850万円

《問8》 Mさんは、〈資料1〉および〈資料2〉の定期保険について説明した。MさんのAさんに対する説明として、次のうち最も適切なものはどれか。

1) 「〈資料1〉の定期保険の単純返戻率（解約返戻金額÷払込保険料累計額）は、保険始期から上昇し、保険期間満了直前にピークを迎えます」
2) 「〈資料1〉の定期保険をAさんが65歳のときに解約した場合、解約時点における払込保険料累計額と解約返戻金額との差額を雑損失として経理処理します」
3) 「〈資料2〉の定期保険は、〈資料1〉の定期保険のようなキャッシュバリューは期待できませんが、X社が受け取る特定疾病保険金は、Aさんががん等の治療で不在の間、事業を継続させるための資金として活用することができます」

《問9》〈資料2〉の定期保険の第1回保険料払込時の経理処理（仕訳）として、次のうち最も適切なものはどれか。

1)

借　　方		貸　　方	
定期保険料	50万円	現金・預金	50万円

2)

借　　方		貸　　方	
定期保険料	20万円	現金・預金	50万円
前払保険料	30万円		

3)

借　　方		貸　　方	
保険料積立金	50万円	現金・預金	50万円

【第4問】 次の設例に基づいて、下記の各問 (《問10》～《問12》) に答えなさい。

［2023年1月改題］

《設 例》

　個人事業主であるAさんは、開業後直ちに青色申告承認申請書と青色事業専従者給与に関する届出書を所轄税務署長に対して提出している青色申告者である。Aさんは、本年中に終身保険の解約返戻金を受け取っている。

＜Aさんとその家族に関する資料＞
・Aさん（50歳）　　　：個人事業主（青色申告者）
・妻Bさん（47歳）　　：Aさんの事業に専ら従事し、本年中に、青色事業専従者として給与収入80万円を得ている。
・長女Cさん（21歳）：大学生。本年中に、塾講師のアルバイトとして給与収入90万円を得ている。
・二女Dさん（17歳）：高校生。本年中の収入はない。

＜Aさんの本年分の収入等に関する資料＞
(1)　事業所得の金額：450万円（青色申告特別控除後）
(2)　終身保険の解約返戻金
　　　契約年月　　　　　　　　　　：2010年5月
　　　契約者（＝保険料負担者）・被保険者：Aさん
　　　死亡保険金受取人　　　　　　：妻Bさん
　　　解約返戻金額　　　　　　　　：240万円
　　　正味払込保険料　　　　　　　：270万円

※妻Bさん、長女Cさんおよび二女Dさんは、Aさんと同居し、生計を一にしている。
※Aさんとその家族は、いずれも障害者および特別障害者には該当しない。
※Aさんとその家族の年齢は、いずれも本年12月31日現在のものである。
※上記以外の条件は考慮せず、各問に従うこと。

《問10》 所得税における青色申告制度に関する以下の文章の空欄①〜③に入る数値の組合せとして、次のうち最も適切なものはどれか。

---

i．「事業所得の金額の計算上、青色申告特別控除として最高（　①　）万円を控除することができます。（　①　）万円の青色申告特別控除の適用を受けるためには、事業所得に係る取引を正規の簿記の原則に従い記帳し、その記帳に基づいて作成した貸借対照表、損益計算書その他の計算明細書を添付した確定申告書を法定申告期限内に提出することに加えて、e-Tax による申告（電子申告）または電子帳簿保存を行う必要があります。なお、確定申告書を法定申告期限後に提出した場合、青色申告特別控除額は最高（　②　）万円となります」

ii．「青色申告者が受けられる税務上の特典として、青色申告特別控除のほかに、青色事業専従者給与の必要経費算入、純損失の（　③　）年間の繰越控除、純損失の繰戻還付、棚卸資産の評価について低価法を選択することができることなどが挙げられます」

---

1)　① 55　　　② 10　　　③ 7
2)　① 65　　　② 55　　　③ 7
3)　① 65　　　② 10　　　③ 3

《問11》 Aさんの本年分の所得税における所得控除に関する次の記述のうち、最も不適切なものはどれか。

1)　「妻Bさんは青色事業専従者として給与の支払を受けているため、Aさんは、配偶者控除の適用を受けることができません」
2)　「長女Cさんは、特定扶養親族に該当するため、Aさんは、長女Cさんについて63万円の扶養控除の適用を受けることができます」
3)　「二女Dさんは、控除対象扶養親族に該当しないため、Aさんは、二女Dさんについて扶養控除の適用を受けることができません」

《問12》 Aさんの本年分の所得税における総所得金額は、次のうちどれか。

1)　420万円
2)　450万円
3)　690万円

【第5問】 次の設例に基づいて、下記の各問（《問13》～《問15》）に答えなさい。

［2022年1月改題］

《 設 例 》

　Aさんは、本年12月11日に病気により81歳で死亡した。Aさんの親族関係図等は、以下のとおりである。なお、Aさんは、生前に自筆証書遺言を作成し、自宅に保管していた（自筆証書遺言書保管制度は利用していない）。

　妻Bさん（78歳）、長女Cさん（56歳）、二女Dさん（54歳）、孫Fさん（23歳）、孫Gさん（21歳）は、自筆証書遺言の内容に従い、相続により財産を取得する予定である。なお、長男Eさんは、Aさんの相続開始前に死亡している。

＜Aさんの親族関係図＞

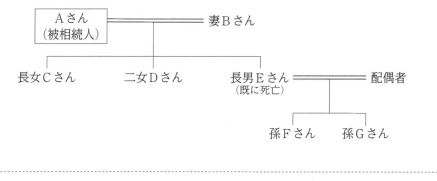

《問13》 Aさんの相続に関する以下の文章の空欄①～③に入る語句または数値の組合せとして、次のうち最も適切なものはどれか。

ⅰ．「Aさんの相続に係る法定相続人の数は5人となり、孫Fさんおよび孫Gさんの法定相続分はそれぞれ（　①　）です」

ⅱ．「Aさんの相続における遺産に係る基礎控除額は、（　②　）万円です」

ⅲ．「相続税の申告書の提出期限は、原則として、相続の開始があったことを知った日の翌日から（　③　）カ月以内となります」

---

1)　①　8分の1　　　②　6,000　　　③　4

2)　①　8分の1　　　②　5,400　　　③　10

3)　①　12分の1　　②　6,000　　　③　10

《問14》 Aさんの相続に関する次の記述のうち、最も不適切なものはどれか。

1)　「Aさんの自宅から自筆証書遺言を発見した相続人は、相続の開始を知った後、遅滞なく、その遺言書を家庭裁判所に提出し、その検認を請求しなければなりません」

2)　「妻Bさんが『配偶者に対する相続税額の軽減』の適用を受けた場合、原則として、妻Bさんの相続税の課税価格が、相続税の課税価格の合計額に対する配偶者の法定相続分相当額と1億6,000万円とのいずれか多い金額までであれば、納付すべき相続税額は算出されません」

3)　「孫Fさんおよび孫Gさんは、相続税額の2割加算の対象となります」

《問15》 Aさんの相続に係る課税遺産総額（「課税価格の合計額－遺産に係る基礎控除額」）が3億円であった場合の相続税の総額は、次のうちどれか。

＜資料＞相続税の速算表

法定相続分に応ずる取得金額		税率	控除額
万円超	万円以下		
	～ 1,000	10％	－
1,000 ～	3,000	15％	50万円
3,000 ～	5,000	20％	200万円
5,000 ～	10,000	30％	700万円
10,000 ～	20,000	40％	1,700万円
20,000 ～	30,000	45％	2,700万円
30,000 ～	60,000	50％	4,200万円
60,000 ～		55％	7,200万円

1) 6,550万円

2) 8,160万円

3) 1億800万円

FP3級
学科・実技
解答用紙

（ 各2部付いています。
切り取ってご使用ください。 ）

東京リーガルマインド

	点数	/60

問番号	解　答	問番号	解　答	問番号	解　答
問題 1		問題 21		問題 41	
問題 2		問題 22		問題 42	
問題 3		問題 23		問題 43	
問題 4		問題 24		問題 44	
問題 5		問題 25		問題 45	
問題 6		問題 26		問題 46	
問題 7		問題 27		問題 47	
問題 8		問題 28		問題 48	
問題 9		問題 29		問題 49	
問題 10		問題 30		問題 50	
問題 11		問題 31		問題 51	
問題 12		問題 32		問題 52	
問題 13		問題 33		問題 53	
問題 14		問題 34		問題 54	
問題 15		問題 35		問題 55	
問題 16		問題 36		問題 56	
問題 17		問題 37		問題 57	
問題 18		問題 38		問題 58	
問題 19		問題 39		問題 59	
問題 20		問題 40		問題 60	

キリトリ

チャレンジ 1 解答用紙（再チャレンジ用）

学科試験

点数 ／60

問番号	解 答	問番号	解 答	問番号	解 答
問題 1		問題 21		問題 41	
問題 2		問題 22		問題 42	
問題 3		問題 23		問題 43	
問題 4		問題 24		問題 44	
問題 5		問題 25		問題 45	
問題 6		問題 26		問題 46	
問題 7		問題 27		問題 47	
問題 8		問題 28		問題 48	
問題 9		問題 29		問題 49	
問題 10		問題 30		問題 50	
問題 11		問題 31		問題 51	
問題 12		問題 32		問題 52	
問題 13		問題 33		問題 53	
問題 14		問題 34		問題 54	
問題 15		問題 35		問題 55	
問題 16		問題 36		問題 56	
問題 17		問題 37		問題 57	
問題 18		問題 38		問題 58	
問題 19		問題 39		問題 59	
問題 20		問題 40		問題 60	

キリトリ

学科試験

点数 ／60

問番号	解答	問番号	解答	問番号	解答
問題 1		問題 21		問題 41	
問題 2		問題 22		問題 42	
問題 3		問題 23		問題 43	
問題 4		問題 24		問題 44	
問題 5		問題 25		問題 45	
問題 6		問題 26		問題 46	
問題 7		問題 27		問題 47	
問題 8		問題 28		問題 48	
問題 9		問題 29		問題 49	
問題 10		問題 30		問題 50	
問題 11		問題 31		問題 51	
問題 12		問題 32		問題 52	
問題 13		問題 33		問題 53	
問題 14		問題 34		問題 54	
問題 15		問題 35		問題 55	
問題 16		問題 36		問題 56	
問題 17		問題 37		問題 57	
問題 18		問題 38		問題 58	
問題 19		問題 39		問題 59	
問題 20		問題 40		問題 60	

キリトリ

点数		/60

問番号	解　答	問番号	解　答	問番号	解　答
問題　1		問題 21		問題 41	
問題　2		問題 22		問題 42	
問題　3		問題 23		問題 43	
問題　4		問題 24		問題 44	
問題　5		問題 25		問題 45	
問題　6		問題 26		問題 46	
問題　7		問題 27		問題 47	
問題　8		問題 28		問題 48	
問題　9		問題 29		問題 49	
問題 10		問題 30		問題 50	
問題 11		問題 31		問題 51	
問題 12		問題 32		問題 52	
問題 13		問題 33		問題 53	
問題 14		問題 34		問題 54	
問題 15		問題 35		問題 55	
問題 16		問題 36		問題 56	
問題 17		問題 37		問題 57	
問題 18		問題 38		問題 58	
問題 19		問題 39		問題 59	
問題 20		問題 40		問題 60	

キリトリ

点数 ／60

問番号	解答	問番号	解答	問番号	解答
問題 1		問題 21		問題 41	
問題 2		問題 22		問題 42	
問題 3		問題 23		問題 43	
問題 4		問題 24		問題 44	
問題 5		問題 25		問題 45	
問題 6		問題 26		問題 46	
問題 7		問題 27		問題 47	
問題 8		問題 28		問題 48	
問題 9		問題 29		問題 49	
問題 10		問題 30		問題 50	
問題 11		問題 31		問題 51	
問題 12		問題 32		問題 52	
問題 13		問題 33		問題 53	
問題 14		問題 34		問題 54	
問題 15		問題 35		問題 55	
問題 16		問題 36		問題 56	
問題 17		問題 37		問題 57	
問題 18		問題 38		問題 58	
問題 19		問題 39		問題 59	
問題 20		問題 40		問題 60	

✂ キリトリ

問番号	解　答	問番号	解　答	問番号	解　答
問題 1		問題 21		問題 41	
問題 2		問題 22		問題 42	
問題 3		問題 23		問題 43	
問題 4		問題 24		問題 44	
問題 5		問題 25		問題 45	
問題 6		問題 26		問題 46	
問題 7		問題 27		問題 47	
問題 8		問題 28		問題 48	
問題 9		問題 29		問題 49	
問題 10		問題 30		問題 50	
問題 11		問題 31		問題 51	
問題 12		問題 32		問題 52	
問題 13		問題 33		問題 53	
問題 14		問題 34		問題 54	
問題 15		問題 35		問題 55	
問題 16		問題 36		問題 56	
問題 17		問題 37		問題 57	
問題 18		問題 38		問題 58	
問題 19		問題 39		問題 59	
問題 20		問題 40		問題 60	

キリトリ

問番号	解　答		問番号	解　答
問 1			問 11	
問 2			問 12	
問 3			問 13	
問 4			問 14	
問 5			問 15	
問 6			問 16	
問 7			問 17	
問 8			問 18	
問 9			問 19	
問 10			問 20	

問番号	解　　答
問 1	
問 2	
問 3	
問 4	
問 5	
問 6	
問 7	
問 8	
問 9	
問 10	

問番号	解　　答
問 11	
問 12	
問 13	
問 14	
問 15	
問 16	
問 17	
問 18	
問 19	
問 20	

キリトリ

問番号	解　答
問 1	
問 2	
問 3	
問 4	
問 5	
問 6	
問 7	
問 8	
問 9	
問 10	

問番号	解　答
問 11	
問 12	
問 13	
問 14	
問 15	
問 16	
問 17	
問 18	
問 19	
問 20	

キリトリ

問番号	解　　答
問 1	
問 2	
問 3	
問 4	
問 5	
問 6	
問 7	
問 8	
問 9	
問 10	

問番号	解　　答
問 11	
問 12	
問 13	
問 14	
問 15	
問 16	
問 17	
問 18	
問 19	
問 20	

キリトリ

✂ キリトリ

問番号	解　　答
【第1問】	
問 1	
問 2	
問 3	
【第2問】	
問 4	
問 5	
問 6	
【第3問】	
問 7	
問 8	
問 9	
【第4問】	
問 10	
問 11	
問 12	
【第5問】	
問 13	
問 14	
問 15	

問番号	解　　答
【第1問】	
問 1	
問 2	
問 3	
【第2問】	
問 4	
問 5	
問 6	
【第3問】	
問 7	
問 8	
問 9	
【第4問】	
問 10	
問 11	
問 12	
【第5問】	
問 13	
問 14	
問 15	

キリトリ

点数 　　　　／50

問番号	解　　答
【第1問】	
問 1	
問 2	
問 3	
【第2問】	
問 4	
問 5	
問 6	
【第3問】	
問 7	
問 8	
問 9	
【第4問】	
問 10	
問 11	
問 12	
【第5問】	
問 13	
問 14	
問 15	

キリトリ

問番号	解　　答
【第1問】	
問 1	
問 2	
問 3	
【第2問】	
問 4	
問 5	
問 6	
【第3問】	
問 7	
問 8	
問 9	
【第4問】	
問 10	
問 11	
問 12	
【第5問】	
問 13	
問 14	
問 15	

キリトリ

問番号	解　　答
【第1問】	
問 1	
問 2	
問 3	
【第2問】	
問 4	
問 5	
問 6	
【第3問】	
問 7	
問 8	
問 9	
【第4問】	
問 10	
問 11	
問 12	
【第5問】	
問 13	
問 14	
問 15	

問番号	解　　答
【第1問】	
問 1	
問 2	
問 3	
【第2問】	
問 4	
問 5	
問 6	
【第3問】	
問 7	
問 8	
問 9	
【第4問】	
問 10	
問 11	
問 12	
【第5問】	
問 13	
問 14	
問 15	

キリトリ

点数 ／50

問番号	解　　答
【第1問】	
問 1	
問 2	
問 3	
【第2問】	
問 4	
問 5	
問 6	
【第3問】	
問 7	
問 8	
問 9	
【第4問】	
問 10	
問 11	
問 12	
【第5問】	
問 13	
問 14	
問 15	

解答用紙（再チャレンジ用）

問番号	解　　答
【第1問】	
問 1	
問 2	
問 3	
【第2問】	
問 4	
問 5	
問 6	
【第3問】	
問 7	
問 8	
問 9	
【第4問】	
問 10	
問 11	
問 12	
【第5問】	
問 13	
問 14	
問 15	

キリトリ

FP3級
過去問厳選模試
解答＆解説編

INDEX

※各試験の解答・解説の最後に、正解をまとめた「論点チェック表」があります。
チェック欄があるので、どれが苦手な分野か把握できます！

解答＆解説編

日本FP協会・金財 共通

さあ、解説するよ！

（1） 解答 ▶ ✕ 📖 トリセツテキスト P40

介護保険において65歳以上の人は第1号被保険者となります。一方、第2号被保険者は現役世代で健康保険や国民健康保険に加入する40歳以上65歳未満の人です。

（2） 解答 ▶ ✕ 📖 トリセツテキスト P37

健康保険の任意継続被保険者となるには、資格喪失日（退職日の翌日）から20日以内に申し出ることが必要です。

> **ほんださん サクッとコメント**
>
> 「任意の『に』＝2」とゴロ合わせで覚えましょう。ただし、2週間＝14日と間違えないように注意が必要です。

（3） 解答 ▶ ○ 📖 トリセツテキスト P54

老齢基礎年金と老齢厚生年金は、それぞれ異なるタイミングでの繰下げやいずれか一方のみの繰下げが可能です。一方、繰上げは同時に行う必要があります。

（4） 解答 ▶ ✕ 📖 トリセツテキスト P69

確定拠出年金の個人型年金（iDeCo）の対象者は国民年金の加入者となりますので、第3号被保険者も加入することができます。

拠出上限額も頻出です。

第1号被保険者…月額68,000円（年額816,000円）

第2号（企業年金がない場合）・第3号被保険者…月額23,000円（年額276,000円）

（5） 解答 ▶ ✕　　　　　　　　　📖 トリセツテキスト　P21

日本政策金融公庫の教育一般貸付（国の教育ローン）の使途は、入学金や授業料などの学校納付金に限らず、受験・在学のための幅広い項目となっています。

大学生で収入がない場合でも、20歳を迎えると国民年金の保険料を納める必要がありますが、教育ローンはこれらの保険料の支払いに充てることも認められています。

（6） 解答 ▶ ◯　　　　　　　　　📖 トリセツテキスト　P118

延長保険とは、保険料の払込みを中止して、その時点の解約返戻金をもとに保険金額を変えずに保険期間は短くする保険です。

一方、払済保険は、延長保険と同様に保険料の払込みを中止しますが、保険期間は変えずに保険金額を少なくした保険になります。

（7） 解答 ▶ ✕　　　　　　　　　📖 トリセツテキスト　P106

一時払終身保険を契約後すぐに解約すると、解約返戻金が一時払保険料を下回ることがあります。

3

(8) 解答▶ ○ 　　　　　　　　　　　📖 トリセツテキスト　P142

自賠責保険は対人賠償（他人をケガや死亡させた場合の賠償）が補償対象で、対物賠償や運転者自身の損害は補償対象外です。

(9) 解答▶ ○ 　　　　　　　　　　　📖 トリセツテキスト　P144

別居の未婚の子とは遠方で一人暮らしをしている大学生の子などを指し、親の仕送りで生活している場合など生計を共にしていれば、家族傷害保険の補償対象となります。

(10) 解答▶ ✕ 　　　　　　　　　　　📖 トリセツテキスト　P148

地震保険料控除は、所得税では５万円を上限として支払った保険料の全額が所得控除の対象となります。２分の１相当額となるのは住民税の地震保険料控除です。

(11) 解答▶ ✕ 　　　　　　　　　　📖 トリセツテキスト　P167-168

米国の市場金利が上昇すると、米国の銀行の方が日本の銀行よりも利息を多く受け取れるようになります。投資家は米国の銀行に預けるためにドルが欲しいと考え、円を売ってドルを買う動きが出ることから、円安ドル高となります。

(12) 解答▶ ○ 　　　　　　　　　　　📖 トリセツテキスト　P217

日経平均株価や TOPIX など運用の目安となる指標のことをベンチマークといい、ベンチマークに連動する運用を行う投資信託をインデックス型投資信託（インデックスファンド）といいます。

ほんださん サクッとコメント

ベンチマークを上回るリターンを目指す手法がアクティブ運用です。

(13) 解答 ▶ ○ 　　　　　　　　　📖 トリセツテキスト　P185

2,500,000円を年利4％で3年間複利運用した場合の元利合計額は、
2,500,000×(1+0.04)³
=2,500,000×1.04×1.04×1.04
=2,812,160円　となります。

(14) 解答 ▶ ○ 　　　　　　　　　📖 トリセツテキスト　P210

配当性向は、会社が1年間で得た利益のうち、配当金として株主にどれくらい渡しているかを示す指標です。
配当性向＝配当額÷当期純利益×100（％）

(15) 解答 ▶ ✕ 　　　　　　　　　📖 トリセツテキスト　P234

既に特定口座で保有している株式や投資信託を、後からNISA口座に移すことはできません。

(16) 解答 ▶ ○ 　　　　　　　　　📖 トリセツテキスト　P126

医療保険で入院や手術、通院などの身体の傷害に基因して支払われる給付金は非課税となります。

ほんださん **サクッ**とコメント

入院給付金は、病気になった人が入院費用を支払うことを目的としているため、税金を取るべきではないと考えてみましょう。

（17）　解答 ▶ ✕　　　　　　　　📖 トリセツテキスト　P261

不動産の貸付によって発生した賃料収入は**不動産所得**となりますので、貸付の規模が事業的規模でも事業所得にはなりません。

（18）　解答 ▶ ◯　　　　　　　　📖 トリセツテキスト　P69、P292

国民年金基金の掛金は社会保険料控除の対象となります。社会保険料控除の対象は、サラリーマンの健康保険料や厚生年金保険料、自営業者の国民年金保険料など、主に加入が義務となる社会保険です。

 ほんださん **サクッ**とコメント

確定拠出年金の個人型（iDeCo）の掛金は**小規模企業共済等掛金控除**となるので、混同しないようにしましょう。

（19）　解答 ▶ ✕　　　　　　　　📖 トリセツテキスト　P303

住宅ローン控除は、住宅を新築した日から**6カ月以内に居住**し、かつ**適用を受ける年の12月31日まで引き続き住み続ける**ことで適用を受けることができます。

（20）　解答 ▶ ✕　　　　　　　　📖 トリセツテキスト　P267

サラリーマンなどの給与所得者は、本来確定申告が不要ですが、以下の場合は自分で確定申告をする必要があります。
・年間給与収入が2,000万円を超える場合
・給与所得や退職所得以外の所得が20万円を超える場合
・2カ所以上から給与を受けている場合

（21） 解答▶ ◯　　　　　　　　　　📖 トリセツテキスト P331

不動産登記には対抗力はありますが、「登記の情報が正しい」ことを示す**公信力はない**ため、登記記録上の権利者と実際の権利者が異なっているという状況が存在した場合に、登記の内容を信じて取引した人は法的に保護されません。

（22） 解答▶ ◯　　　　　　　　　　📖 トリセツテキスト P341

土地の利用目的・契約内容を公的機関がチェックするために、**公正証書**による契約が必須となっています。

ほんださん **サクッ**と**コメント**
> なお、事業用定期借地権等は用途が**事業用**に限定されており、**住居としての利用は認められていません。**

（23） 解答▶ ✕　　　　　　　　　　📖 トリセツテキスト P347

おおむね10年以内に計画的に市街化を図るべき区域とは、**市街化区域**のことです。市街化調整区域とは、**市街化の抑制を目指す地域**であり、自然を残したい地域の開発や建築を制限する目的で設定されます。

（24） 解答▶ ◯　　　　　　　　　　📖 トリセツテキスト P366

不動産取得税は、文字どおり不動産を取得した際に課される税金ですが、相続などによって意思にかかわらず取得した場合には不動産取得税は課されません。

ほんださん **サクッ**と**コメント**
> 売買や贈与によって取得した場合は自ら望んで土地を手に入れていることになるため、不動産取得税が課されます。

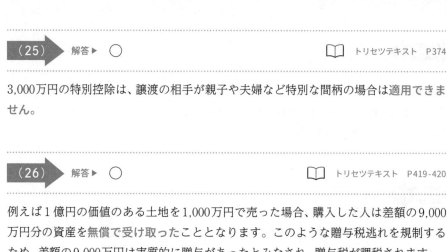

(25) 解答▶ ○　　　　　　　　　📖 トリセツテキスト　P374

3,000万円の特別控除は、譲渡の相手が親子や夫婦など特別な間柄の場合は適用できません。

(26) 解答▶ ○　　　　　　　　　📖 トリセツテキスト　P419-420

例えば1億円の価値のある土地を1,000万円で売った場合、購入した人は差額の9,000万円分の資産を無償で受け取ったこととなります。このような贈与税逃れを規制するため、差額の9,000万円は実質的に贈与があったとみなされ、贈与税が課税されます。

(27) 解答▶ ○　　　　　　　　　📖 トリセツテキスト　P424

暦年課税と相続時精算課税はいずれかを選択するものであり、相続時精算課税を選択した場合、以降の同じ贈与者からの贈与についてはすべて相続時精算課税が適用されます。

(28) 解答▶ ○　　　　　　　　　📖 トリセツテキスト　P397

法定相続分とは、あくまで分割割合のヒントを法律が示すものであり、強制するものではありません。共同相続人全員で協議することで好きな割合で遺産を分割することができます。

ほんださん　サクッとコメント

一方、遺言で相続分の指定がある場合には、原則として遺言どおりに分割する必要があります。

（29） 解答▶ **✕**　　　　　　　　　　　　　　　　トリセツテキスト　P410

通夜や火葬の費用は葬式費用として相続税の課税価格から控除できますが、香典返しは
控除できません。

ほんださん **サクッとコメント**

香典は遺族が受け取るため、被相続人の財産には入りません。したがって、
香典返しの費用を差し引くこともできません。

（30） 解答▶ **◯**　　　　　　　　　　　　　　　　トリセツテキスト　P415

相続税の配偶者控除とは、配偶者の法定相続分相当額または1億6,000万円のいずれか
多い方までは相続税を軽減するしくみであり、本制度を利用した結果、配偶者の相続税
が0円になった場合でも申告書の提出が必要です。

（31） 解答▶ **2**　　　　　　　　　　　　　　　　トリセツテキスト　P17-19

目標額を複利で積み立てる場合に必要な毎年の積立額を求めるためには減債基金係数
を用います。
目標額×減債基金係数＝毎年の積立額
900万円×0.0621 = **558,900円**

ほんださん **サクッとコメント**

もし15年間複利を使わずに積み立てる場合、毎年15分の1ずつ積み立て
るため、1÷15≒0.066…が係数の値になります。
しかし、複利運用すると毎年お金が少しずつ増えていくため、実際の係数
は0.066…より小さい値と予想できることから、減債基金係数を使うこと
がわかります。
係数の名前を覚えることなく、検算にも使える解き方として覚えておくの
がオススメです。

（32）　解答▶ **3**　　　　　　　　　　📖 トリセツテキスト　P43

雇用保険の基本手当を受給するには、離職の日以前**2年間**に被保険者期間が**通算12カ月以上**ある必要があります。

ほんださん **サクッ**とコメント

　直近2年のうち半分以上の期間をサラリーマンとして働いていたかをチェックしています。

（33）　解答▶ **3**　　　　　　　　　　📖 トリセツテキスト　P52-53

学生納付特例は単なる未納と異なり、老齢基礎年金の**受給資格期間には算入されます**。しかし、保険料自体は納めていないため、老齢基礎年金の**年金額には反映されません**。

（34）　解答▶ **3**　　　　　　　　　　📖 トリセツテキスト　P65-67

遺族厚生年金は、被保険者が本来もらえていたはずの老齢厚生年金を遺族が代わりにもらうしくみであり、報酬比例部分の額の**4分の3**相当額が支給されます。

（35）　解答▶ **2**　　　　　　　　　　📖 トリセツテキスト　P24

返済期間を通じて、毎月の返済額が一定である返済方法は、**元利均等返済**になります。返済当初は借入額が多いため返済額のうち利息の割合が多いですが、完済が近づくにつれ元金の割合が増えていきます。返済開始時から均等に元金を減らす元金均等返済よりも利息を多く払う必要があるため、元利均等返済の総返済金額は**多くなります**。

解答▶ **1**　　　📖 トリセツテキスト　P96-97

保険料が安くなるためには、保険会社が少ないお金で保険金を支払うためのお金を用意できればよいこととなります。そのため、空欄に入る言葉は、生命保険会社が資産運用で見込む収益の利率を表す予定利率となります。

ほんださん **サクッ**とコメント

予定死亡率や予定事業費率が上がった場合、保険会社は支払うお金が増えてしまうため、保険料を高く設定する必要があります。

（37）　解答▶ **1**　　　📖 トリセツテキスト　P110

会社が契約し、被保険者を全従業員、死亡保険金受取人を被保険者の遺族とすることで、従業員死亡時の死亡退職金に備える保険は、総合福祉団体定期保険です。一方、団体定期保険（Bグループ保険）とは、法人が契約者となって従業員が個別に任意で加入する保険です。

ほんださん **サクッ**とコメント

強制加入の総合福祉団体定期保険はAグループ、任意加入の団体定期保険はBグループの順で覚えましょう。なお、団体信用生命保険（団信）は、住宅ローンの契約者に万が一のことがあったときに備える保険です。

（38）　解答▶ **3**　　　📖 トリセツテキスト　P140

地震保険の保険金額は、建物では5,000万円、家財では1,000万円を上限として、加入者が定めることとなります。

（39）　　解答▶ **3**　　　　　　　　　　　📖 トリセツテキスト　P148

自動車事故の対人・対物事故により支払われる損害保険の保険金は、損害賠償や治療費の支払いを目的とするため非課税所得となります。

（40）　　解答▶ **1**　　　　　　　　　　　📖 トリセツテキスト　P116

リビング・ニーズ特約は、病気やケガの種類にかかわらず、余命6カ月と判断された場合に、死亡一時金の一部または全部を生前に前もって受け取ることができる特約です。

ほんださん サクッとコメント

> リビング・ニーズ特約は、どの保険でも無料で付けることができます。

（41）　　解答▶ **3**　　　　　　　　　　　📖 トリセツテキスト　P163

景気動向指数の有効求人倍率は、求職者と求人のバランスを示す値で、景気の動きに一致して動く一致指数です。

ほんださん サクッとコメント

> ＦＰ試験では指数が動くタイミングから分類を予想することが重要です。
> 例えば、景気が良くなり人手不足になった場合、
> ①まず会社が求人を出す＝新規求人数→先行指数
> ②求職者が応募する＝有効求人倍率→一致指数
> ③その結果、職に就けない人が残る＝完全失業率→遅行指数
> という3つのタイミングで予想することができます。

(42) ▶ 解答 ▶ **2** 📖 トリセツテキスト P195-197

最終利回りとは、償還期限まで保有していた場合の利回りです。
債券の利回り＝毎年得られる利息＋１年当たりの値上がり益（値下がり損）
毎年得られる利息…額面100円×１％＝１円／年
１年当たりの値上がり益…（償還額100円－購入価格99円）÷所有期間２年＝0.5円／年
１年間の収益…１円＋0.5円＝1.5円
この債券の購入価格は99円のため、
最終利回り（％）＝1.5円÷99円×100＝1.515…→**1.52%**（小数点以下第３位四捨五入）

(43) ▶ 解答 ▶ **2** 📖 トリセツテキスト P220

払い戻された分配金のうち、元本より上回った利益＝普通分配金、元本が返ってきた部分＝元本払戻金となります。
（分配前の基準価額）－300円＝13,800円（分配落ち後の基準価格）
分配前＝14,100円がわかります。
14,000円で購入しているので、分配前時点での利益は
14,100円－14,000円＝**100円**
したがって、支払われた300円の分配金のうち、普通分配金＝**100円**で、残り200円は元本払戻金となります。

(44) ▶ 解答 ▶ **2** 📖 トリセツテキスト P195

個人向け国債の購入額面は最低１万円からで、１万円単位で購入できます。償還期間に応じて固定３年、固定５年、変動10年の３種類がありますが、すべての国債で最低金利の年0.05%が保証されています。

 **（45）** 解答 ▶ **3** 　　　　📖 トリセツテキスト　P222-223

銀行が外貨を預金者に**売る**ときに用いるレートが **TTS**、預金者から**買う**ときに用いるレートが **TTB** です。

 （46） 解答 ▶ **3** 　　　　📖 トリセツテキスト　P267-268

勤続年数が25年のときの退職所得控除額の式は以下のとおりです。

勤続年数	退職所得控除額
20年以下	40万円×勤続年数（最低80万円）
20年超	800万円＋70万円×（勤続年数－20年）

退職所得控除額 ＝ 800 万円 ＋ 70万円 ×（25年 － 20年）＝ 1,150万円

（47） 解答 ▶ **3** 　　　　📖 トリセツテキスト　P229

預貯金の利子は利子所得に分類され、20.315％（所得税15.315％・住民税5％）の税率で源泉分離課税方式となります。

 ほんださん **サクッとコメント**

源泉分離課税とは、利子の受渡しの段階で金融機関が所得税を課税した後の金額を渡す方式で、預金者は別途確定申告を行う必要がなくなります。

（48） 解答 ▶ **2** 　　　　📖 トリセツテキスト　P274-275

総所得金額とは、総合課税の対象となる各所得を合計し、マイナスの所得と損益通算した後の金額です。他の所得と損益通算できるのは、不動産・事業・山林・譲渡所得の損失のみです。本問の雑所得の損失は他の所得と損益通算できません（所得がなかったものとして扱います）。

総所得金額＝不動産所得750万円＋事業所得（－150万円）＋雑所得0円＝600万円

(49)　解答▶ **3**　　📖 トリセツテキスト　P289-290

扶養控除は、生計が同一であり、合計所得金額48万円以下の16歳以上の親族を扶養している場合に適用となります。19歳以上23歳未満（おおよそ大学生の年齢）の特定扶養親族を扶養している場合、1人につき63万円を控除できます。

(50)　解答▶ **1**　　📖 トリセツテキスト　P307

生命保険料控除は、年末調整の際に生命保険料控除証明書を勤務先に提出することで適用されます。一方、雑損控除や医療費控除を適用する場合は、各自で確定申告が必要となります。

ほんださん　**サクッ**とコメント

確定申告が必要か不要かの違いは手続の大変さで判断できます。例えば、生命保険料控除は、保険会社から送られてくる1年間の保険料の金額をまとめた用紙をもとに、会社側が給与から調整するだけで完了します。
しかし、医療費控除は、1年間の病院の領収書をすべて集め、総負担額を計算した上で申請しなければなりません。このような大変な手続は会社の年末調整では難しいため、各自で確定申告をするルールとなっています。

(51)　解答▶ **3**　　📖 トリセツテキスト　P327

相続税路線価は、毎年1月1日を基準日とし、相続税や贈与税を算出する基礎となるものです。取引の目安となる公示価格の80%を目安に設定されています。

ほんださん　**サクッ**とコメント

相続税と贈与税はどちらも国税であり、国税庁が徴収することから相続税路線価を利用します。一方、不動産取得税や固定資産税は地方税であるため、市町村が決定する固定資産税評価額で計算します。

（52） 解答 ▶ **2**  トリセツテキスト　P337

契約時に解約手付を交付した場合、相手が契約の履行に着手するまでであれば、買主は手付金の放棄、売主は手付金の倍額を支払うことで契約の解除ができます。

ほんださん **サクッ**とコメント

手付金は買主が払うお金であるため、売主が解除したいときは手付金の返却＋さらに同額を上乗せ、ということが倍額となる理由です。

（53）　解答 ▶ **3** トリセツテキスト　P346

マンションなどの区分所有建物を建て替えるには、集会で区分所有者および議決権の各5分の4以上の賛成が必要です。

（54）　解答 ▶ **1** トリセツテキスト　P361

農地法において、原則として農地を農地以外に利用（転用）する場合には、都道府県知事等の許可が必要となりますが、市街化区域内の農地においてはあらかじめ農業委員会に届出をすることで許可が不要となります。

権利移動	農業委員会の許可が必要
転用	都道府県知事等の許可が必要
転用目的の権利の移動	（市街化区域内の農地は、農業委員会に届出をすれば都道府県知事等の許可は不要）

ほんださん **サクッ**とコメント

売買などによって権利が移動する場合、農地が農業関係者以外の者に取得されることを防ぐために許可制となっています。

（55） 解答 ▶ **1** 📖 トリセツテキスト P382-384

土地所有者が土地を提供し、デベロッパーが建設資金を負担してマンションを建設し、完成後に土地所有者とデベロッパーが土地と建物のそれぞれの一部を等価で交換する事業方式は、等価交換方式です。

ほんださん **サクッとコメント**

土地所有者としては、資金を負担することなく建設でき、専有部分を取得できるメリットがあります。

（56） 解答 ▶ **1** 📖 トリセツテキスト P416-417

贈与税の申告は、贈与を受けた年の翌年の２月１日から３月15日までに行う必要があります。申告書の提出先は、財産を受け取った受贈者の住所地の所轄税務署です。

（57） 解答 ▶ **3** 📖 トリセツテキスト P272

個人が法人から贈与を受けた場合は所得税の課税対象となります。

ほんださん **サクッとコメント**

会社からサラリーマンに支給されるお金は給与であり、給与は所得税の上で給与所得として扱われていることを考えると覚えやすくなります。

（58） 解答 ▶ **1** 📖 トリセツテキスト P400-401

検認とは、遺言書の内容を家庭裁判所が明確にして、遺言書を確実に保存する作業のことです。法務局に保管した自筆証書遺言や公証役場で作る公正証書遺言は、作成時に既に公的機関のチェックを受けているため、検認が不要となります。

 **（59）** 解答 ▶ **2**　📖 トリセツテキスト　P394-395

相続が発生した際、配偶者は常に法定相続人となります。それ以外の親族は、子・直系尊属（親）・兄弟姉妹の順に、法定相続人となります。

Aさんには子供がいないため、第2順位の親が相続人となります。相続人が配偶者と直系尊属の組み合わせのとき、**配偶者の相続分は3分の2**、**親の相続分は3分の1**です。

 **（60）** 解答 ▶ **3**　📖 トリセツテキスト　P432、P434

自己所有のアパートなどの貸家建付地の評価額は、自用地としての評価額から、借地権や借家権、賃貸割合の評価額を差し引いた額となります。

貸家建付地の評価額＝自用地評価額×（1－借地権割合×借家権割合×賃貸割合）

相続税評価額＝5,000万円×（1－70％×30％×100％）＝**3,950万円**

苦手な分野と
論点をチェック！

※配点は各1点となります

問題	分野	論点	正解	チェック
1	ライフ	公的介護保険	×	☐
2		任意継続被保険者	×	☐
3		老齢年金の受給	○	☐
4		確定拠出年金	×	☐
5		教育資金	×	☐
6	リスク	延長保険と定期保険	○	☐
7		生命保険の基礎知識	×	☐
8		自動車損害賠償責任保険	○	☐
9		傷害保険	○	☐
10		地震保険料控除	×	☐
11	金融	金利と為替	×	☐
12		投資信託の分類	○	☐
13		利回りの計算	○	☐
14		株式の投資指標	○	☐
15		NISA（少額投資非課税制度）	×	☐
16	タックス	非課税所得	○	☐
17		不動産所得	×	☐
18		所得控除	○	☐
19		住宅ローン控除	×	☐
20		確定申告	×	☐
21	不動産	不動産の登記	○	☐
22		借地権	○	☐
23		都市計画法	×	☐
24		不動産取得税	○	☐
25		不動産の譲渡の特例	○	☐
26	相続	贈与の基礎知識	○	☐
27		相続時精算課税	○	☐
28		遺産分割	○	☐
29		相続税の非課税財産	×	☐
30		相続税の配偶者控除	○	☐

31	ライフ	係数の計算	2	☐
32		雇用保険の基本手当	3	☐
33		国民年金の特例と免除	3	☐
34		遺族厚生年金	3	☐
35		住宅ローン	2	☐
36	リスク	生命保険の基礎知識	1	☐
37		団体保険	1	☐
38		地震保険	3	☐
39		損害保険と税金	3	☐
40		生命保険の特約	1	☐
41	金融	景気動向指数	3	☐
42		債券の利回り計算	2	☐
43		投資信託の分配金計算	2	☐
44		個人向け国債	2	☐
45		外貨建て金融商品	3	☐
46	タックス	退職所得控除	3	☐
47		利子所得	3	☐
48		総所得金額の計算	2	☐
49		扶養控除	3	☐
50		所得控除と年末調整	1	☐
51	不動産	不動産の価格	3	☐
52		不動産の契約と手付金	2	☐
53		区分所有法	3	☐
54		農地法	1	☐
55		土地の有効活用	1	☐
56	相続	贈与税の申告	1	☐
57		法人からの贈与の課税対象	3	☐
58		遺言の種類	1	☐
59		法定相続分	2	☐
60		宅地の評価	3	☐

分野別得点表

ライフ	リスク	金融	タックス	不動産	相続
／10	／10	／10	／10	／10	／10

合格基準点数 **36**／60 → あなたの合計得点 ／60

では、
解説します！

解答＆解説編

日本FP協会・金財
共通

（1） 解答▶ **✕**　　　　　　　　　　📖 トリセツテキスト　P5

税理士資格を有しない者であっても、医療費控除のような税に関する一般的な説明を行うことは税理士法に抵触しません。

（2） 解答▶ **◯**　　　　　　　　　　📖 トリセツテキスト　P42

労働者災害補償保険（労災保険）は、保険料の全額を事業主が負担します。

LEC先生の
なるほど
講義

> 健康保険（医療保険）・厚生年金保険・介護保険は、保険料を事業主と労働者が折半します。また、雇用保険の保険料も事業主と労働者の両者が負担しますが、業種により負担割合は異なります。

（3） 解答▶ **✕**　　　　　　　　　　📖 トリセツテキスト　P49

国民年金の加入要件に日本国籍の有無は関係ありません。自営業者や学生などのうち、20歳以上60歳未満の日本国内に住所を有する者が第1号被保険者に該当します。

（4） 解答▶ **◯**　　　　　　　　　　📖 トリセツテキスト　P63

遺族基礎年金を受給できる遺族は、死亡した人によって生計を維持されていた「子のある配偶者」または「子」です。いずれも所定の要件を満たしている必要があります。

（5）　解答▶ ✕　　　　　　　　　　　　　　📖 トリセツテキスト　P26

フラット35（買取型）を利用できるのは、住宅の建設費や購入価額が消費税相当額を含めて8,000万円以下の場合です。

LEC先生の
なるほど
講義

> フラット35の特徴は次のとおりです。
>
> | 金利 | 全期間固定金利（融資実行時の金利） |
> |---|---|
> | 建設費・購入価額上限 | 8,000万円以下（税込） |
> | 申込年齢 | 原則70歳未満 |
> | 対象となる住宅の面積 | 一戸建て：70㎡以上
マンション等：30㎡以上 |
> | 保証人 | 不要 |

（6）　解答▶ ✕　　　　　　　　　　　　　　📖 トリセツテキスト　P89

生命保険契約は、契約の申込日から8日以内であれば書面または電磁的記録（Eメールなど）により申込みの撤回ができます。保険業法上、**口頭での申込み撤回はできません。**

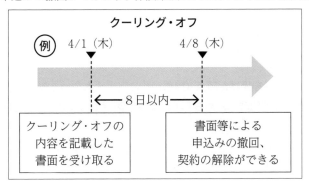

（7）　解答▶ ◯　　　　　　　　　　　　　　📖 トリセツテキスト　P113-114

変額個人年金は、一般勘定と特別勘定に分けて管理・運用されます。特別勘定では金融資産を運用し、その運用実績により将来の年金額や解約返戻金額が変動します。

(8) 解答▶ ✕　　　　　　📖 トリセツテキスト　P124-125

契約者（保険料負担者）と被保険者、死亡保険金受取人のそれぞれが異なる生命保険契約により、死亡保険金が支払われた場合、贈与税の課税対象になります。

LEC先生の
なるほど
講義

> 生命保険契約において、死亡保険金を受け取る場合の課税関係は、「契約者」「被保険者」「受取人」が誰なのかによって異なります。
>
> | 契約者 | 被保険者 | 保険金受取人 | 課税対象 |
> |---|---|---|---|
> | A | A | B | 相続税 |
> | A | B | A | 所得税 |
> | A | B | C | 贈与税 |

(9) 解答▶ ✕　　　　　　📖 トリセツテキスト　P144

普通傷害保険では、急激で偶然な理由により生じた傷害（ケガ）が補償されます。細菌性食中毒や地震などが原因の病気や傷害（ケガ）などは補償の対象外です。

(10) 解答▶ ○　　　　　　📖 トリセツテキスト　P116

先進医療保険は、療養を受けた時点（療養時）に定められている先進医療について給付金が支給されます。契約時に定められている先進医療ではないことに注意しましょう。

(11) 解答▶ ✕　　　　　　📖 トリセツテキスト　P164-165

日銀短観は、日本銀行が民間企業に対して景気動向に関する調査を行い集計したものです。本問の記述は、企業物価指数の説明です。

(12) 解答▶ **✕** 📖 トリセツテキスト P200-201

債券の信用格付で、投資適格債とされるのは BBB（トリプル B）以上の債券です。信用格付の高い債券ほど信用リスクが低くなります。

LEC先生の
なるほど
講義

> 債券の格付けをまとめると次のようになります。（S＆P社の例）
>
> | AAA | AA | A | BBB | BB | B | CCC | CC | C | D |
> |------|------|------|------|------|------|------|------|------|------|
> | 投資適格債 | | | | 投資不適格債
（投機的債券・ハイ・イールド債） | | | | | |
> | 高い ← | | | 信用格付 | | | | → 低い | | |
> | 低い ← | | | 信用リスク | | | | → 高い | | |
> | 低い ← | | | 利回り | | | | → 高い | | |
>
> BBB 以上の債券は信用格付が高く、信用リスクが低い（安全性が高い）債券であるため、投資適格債とされています。

(13) 解答▶ **✕** 📖 トリセツテキスト P217

個別銘柄の投資指標の分析や企業業績などを一社ごとにリサーチし、投資信託に組み入れる銘柄を選定する方法は、**ボトムアップ・アプローチ**です。トップダウン・アプローチは、マクロ的な視点から投資環境の分析を行い、投資信託に組み入れる個別銘柄を選定する方法です。

(14) 解答▶ **◯** 📖 トリセツテキスト P234

新 NISA のつみたて投資枠で購入できる投資対象商品は、長期の積立・分散投資に適した投資信託商品（公募株式投資信託と ETF）のみです。

（15）　解答 ▶ ○　　　　　　　　　　　　📖 トリセツテキスト P177

金融商品取引法の適合性の原則は、顧客に合わない金融商品の勧誘を規制するものです。投資家を保護する目的があります。

（16）　解答 ▶ ✕　　　　　　　　　　　　📖 トリセツテキスト P258

国債や地方債などの特定公社債の利子は、利子所得として20.315%の税率で源泉徴収されます。総合課税の対象ではありません。

（17）　解答 ▶ ✕　　　　　　　　　　　　📖 トリセツテキスト P267

確定拠出年金の個人型年金（iDeCo）の老齢給付金を一時金として一括で受け取った場合は、退職所得として所得税の課税対象になります。

LEC先生の
なるほど
講義

> 退職所得控除額が適用されるため、一定金額まで非課税で受け取ることができます。

（18）　解答 ▶ ○　　　　　　　　　　　　📖 トリセツテキスト P292

社会保険料控除が適用されるのは納税者本人の社会保険料だけなく、生計を一にする配偶者やその他の親族に係る社会保険料の支払いも対象になります。

LEC先生の
なるほど
講義

> 社会保険料には、健康保険や国民年金、介護保険などがあります。

(19) 解答 ▶ ✕   📖 トリセツテキスト P259、P301

上場不動産投資信託（J-REIT）の分配金は、上場株式と同様に配当所得として取り扱います。しかし、配当控除の適用は受けられません。

(20) 解答 ▶ ✕   📖 トリセツテキスト P298

医療費控除は、年末調整では所得控除できません。確定申告が必要です。

LEC先生の
なるほど
講義

> 所得控除のうち、**「雑損控除」**「**医療費控除」**「**寄附金控除」** の3つは年末調整では所得控除の適用を受けられません。よく出題されるので押さえておきましょう。

(21) 解答 ▶ ◯   📖 トリセツテキスト P327

固定資産税評価額は、各市町村により3年に1度評価替えが行われます。固定資産税や不動産取得税を算出するときに使用します。

(22) 解答 ▶ ✕   📖 トリセツテキスト P343

設問は、普通借家契約に関する記述です。定期借家契約では契約の更新はないため、更新の請求をされることもありません。

LEC先生の
なるほど
講義

> 定期借家契約の更新はできませんが、再契約により賃貸借を続けることは可能です。

（23） 解答▶ ◯ 📖 トリセツテキスト　P347

住居地域、商業地域等の用途地域の定めがあるのは市街化区域だけです。市街化調整区域には用途地域の定めはありません。

（24） 解答▶ ✕ 📖 トリセツテキスト　P373-374

「居住用財産を譲渡した場合の3,000万円の特別控除」の適用に所有期間の要件はありません。所有期間が短くても、要件を満たせば適用できます。

 LEC先生の
なるほど
講義

> 居住用財産の3,000万円の特別控除の主な要件は次のとおりです。
>
> ・配偶者や直系血族への譲渡でないこと
> ・居住していた財産の譲渡であること
> ・居住しなくなってから3年を経過した12月31日までに譲渡すること　など

（25） 解答▶ ◯ 📖 トリセツテキスト　P352

幅員4m未満の2項道路は、原則として中心線から2m下がった線までが道路とみなされます。これを**セットバック**といいます。

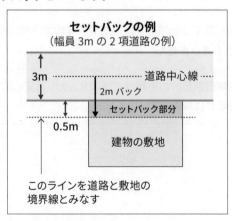

セットバックの例
（幅員3mの2項道路の例）

3m
道路中心線
2mバック
セットバック部分
0.5m
建物の敷地
このラインを道路と敷地の
境界線とみなす

（26） 解答▶ ◯　　　　　　　　　　📖 トリセツテキスト　P418

定期贈与契約は、贈与者または受贈者のどちらか一方が死亡した時点で、効力を失います。例えば、受贈者が死亡したからといって、その親族が定期贈与を受け続けるようなことはありません。

（27） 解答▶ ◯　　　　　　　　　　📖 トリセツテキスト　P400-401

自筆証書遺言書保管制度とは、自筆証書遺言を法務局でデータ化して保管する制度で、改ざんや紛失を防ぐことができます。そのため、家庭裁判所による検認は必要ありません。

（28） 解答▶ ◯　　　　　　　　　　📖 トリセツテキスト　P414

被相続人の配偶者、子、父母以外の人が相続や遺贈により財産を取得した場合は、相続税額が2割加算されます。兄弟姉妹や孫（代襲相続の場合を除く）、祖父などが2割加算の対象です。

（29） 解答▶ ◯　　　　　　　　　　📖 トリセツテキスト　P409、P411

遺産に係る基礎控除額の計算や、死亡保険金・死亡退職金の非課税限度額の計算をする際の法定相続人の数には、相続放棄した者も含めます。

自分が所有する土地に賃貸マンションや賃貸アパートなど（貸家）を建築して賃貸する場合、この敷地は貸家建付地として評価します。

※自分が所有する土地をそのまま賃貸する場合は貸宅地として評価します。

**LEC先生の
なるほど
講義**

貸家建付地は、自己が所有する土地に自身で賃貸アパート等を建て、そのアパート等を貸している場合の土地のことです。また、貸宅地は、自己が所有する土地をそのまま他の人に貸し出している場合です。

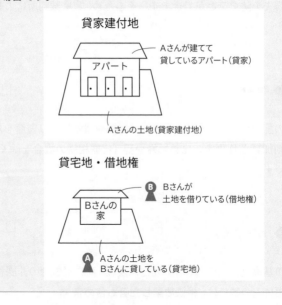

貸家建付地

Aさんが建てて
貸しているアパート（貸家）

アパート

Aさんの土地（貸家建付地）

貸宅地・借地権

Ⓑ Bさんが
土地を借りている（借地権）

Bさんの
家

Ⓐ Aさんの土地を
Bさんに貸している（貸宅地）

将来の目標とする金額を得るために「運用開始時点（現時点）でいくら準備すればよいか」を試算するときの係数は現価係数です。

運用開始時点（現時点）の金額を知りたいときには「現価」（現在価値の意）というワードが入ります。6つの係数の中では「現価係数」と「年金現価係数」の2つが該当します。毎年一定額を受け取るための現価を知りたいときには年金現価係数を使用しますが、本問に「毎年」とは記載されていないので、「現価係数」だと判断できます。

LEC先生のなるほど講義

6つの係数をどのようなときに使用するのか下図でイメージをつかみましょう。

①終価係数 ……………………………………… 一括で運用
今ある金額を複利運用したときに、将来いくらになるのかを求める係数。

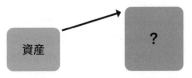

②現価係数 ……………………………………… 一括で運用
毎年、複利運用して一定の金額を貯めるために、今いくらあればいいのか（現時点の金額）を求める係数。

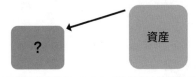

③年金終価係数 ………………………………… 積み立てて運用
毎年、複利運用しながら一定の金額を積み立てた場合、将来いくらになるのかを求める係数。

④減債基金係数‥‥‥‥‥‥‥‥‥‥‥‥‥‥‥‥‥ 積み立てて運用

毎年、複利運用して一定金額を貯めるために、毎年、いくら積み立てればいいのかを求める係数。

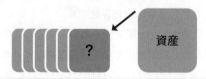

⑤資本回収係数‥‥‥‥‥‥‥‥‥‥‥‥‥‥‥ 取り崩して運用

今ある金額を複利運用しながら一定の期間で取り崩す場合、毎年いくらずつ受け取れるのかを求める係数。

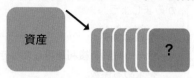

⑥年金現価係数‥‥‥‥‥‥‥‥‥‥‥‥‥‥‥ 取り崩して運用

毎年、複利運用しながら一定の金額を受け取るために、今いくらあればいいのか（現時点の金額）を求める係数。

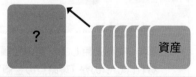

（32）　解答 ▶ **2**　　　　　　　　　トリセツテキスト　P37-38

健康保険の任意継続制度は、会社を退職した後も引き続き任意で同じ健康保険に加入できる制度です。要件を満たせば最長で2年間、任意継続被保険者として加入できます。また、任意継続期間中は、保険料の全額を被保険者が負担します（在職中の保険料負担は労使折半）。

（33） 解答 ▶ **1**　　　　　　　　　　　📖 トリセツテキスト　P55、P72

付加年金制度は、国民年金保険料に毎月 **400円** の付加保険料を追加で納めることで、年金受給時には国民年金に付加年金を上乗せして受け取ることができます。受給できる付加年金の額は「**200円×付加保険料の納付月数**」です。

LEC先生の
なるほど
講義
> 「400円」と「200円」を取り違えるミスが多いので、問題文をよく見て判断しましょう。
> ・毎月納付する付加保険料➡「400円」
> ・受給できる額を求める➡「200円」

（34） 解答 ▶ **2**　　　　　　　　　　　📖 トリセツテキスト　P60-61

障害基礎年金は、障害等級1級と2級に該当する場合に支給されます。障害等級1級に該当する人は、2級に該当する人の **1.25倍** の年金額を受給できます。

障害基礎年金の額（2024年度価額・昭和31年4月2日以後生まれ）

障害等級1級	816,000円× **1.25** ＋子の加算額
障害等級2級	816,000円　　　＋子の加算額

（35） 解答 ▶ **2**　　　　　　　　　　　📖 トリセツテキスト　P75

貸金業法の総量規制は、返済能力を超えた借入れをしないよう消費者を保護するための規制です。他社からの借入れも含め、**年収の3分の1** を超える借入れは禁止されています。

なお、総量規制の対象となる借入れは、貸金業者からの借入れのほか、クレジットカードのキャッシングなどです。銀行の住宅ローンなど金融機関からの借入れは該当しません。

（36）　解答▶ **1**　　　　　　　　　　　トリセツテキスト　P91

ソルベンシー・マージン比率とは、予測を超えた大規模な損害が発生したときに、保険会社がどれだけの支払余力を有しているかといった会社の健全性を示す指標です。200%を下回ると監督当局の早期是正措置が講じられ、業務の改善命令などが発令されます。

（37）　解答▶ **1**　　　　　　　　　　　トリセツテキスト　P120-121

生命保険契約に基づく支払保険料は、所得税額を算出するにあたり「生命保険料控除」として所得控除ができます。生命保険料控除は2012年より「一般の生命保険料控除」「介護医療保険料控除」「個人年金保険料控除」の3つに分けて計算します。
そのうち、介護医療保険料控除の対象になるのは、入院や通院などで給付を受けられるもので、「先進医療保険（特約）」も該当します。

LEC先生の
なるほど
講義

生命保険料控除の各控除対象になる主な保険は次のとおりです。

一般の生命保険料控除	終身保険・定期保険・収入保障保険・養老保険など
介護医療保険料控除	介護保険・医療保険・がん保険・先進医療保険（特約）など
個人年金保険料控除	個人年金保険（一定の条件あり）

（38）　解答▶ **2**　　　　　　　　　　　トリセツテキスト　P128-129

養老保険の福利厚生プランには以下の特徴があります。
・全役員と全従業員を被保険者とする
・死亡保険金の受取人は被保険者の遺族（福利厚生の充実を図れる）
・満期保険金の受取人は法人（退職金の財源にできる）
死亡保険金に係る支払保険料は福利厚生の充実のためなので2分の1を福利厚生費として損金に計上でき、満期保険金に係る支払保険料は積立の性質があるので2分の1を資産として計上します。

（39）　解答 ▶ **3**　　　　　　　　📖 トリセツテキスト　P145

個人賠償責任保険（特約）で補償の対象になるのは、日常生活で偶然の事故により相手の身体や所有物に損害を与え、損害賠償責任を負う場合です。
選択肢のうち、「3」は「業務中」に起きた事故であり、日常生活ではありません。そのため、「3」は個人賠償責任保険の補償の対象にはなりません。

（40）　解答 ▶ **1**　　　　　　　　📖 トリセツテキスト　P152

がん保険には一般的に免責期間が設けられています。免責期間とは、がん保険に加入していても保険会社が保険金や給付金を支払わなくてもよい期間のことです。保険加入から90日間（または3カ月）程度を免責期間と設定していることが多く、この期間中にがんと診断されても給付金は支払われません。

契約

90日間（3カ月）	
免責期間	保険金が支払われる ➡

（41）　解答 ▶ **2**　　　　　　　　📖 トリセツテキスト　P163-165

全国の世帯（消費者）が購入する、家計にかかる財（モノ）およびサービスの価格といった物価の変動を測定する指数を「消費者物価指数」といい、総務省が毎月発表しています。
なお、「景気動向指数」は、景気に敏感に動く指数（新規求人数・完全失業率など）をまとめたものです。また、「消費者態度指数」は、消費者に対して今後6カ月間の暮らし向きなどを調査して指標にしたものです。

市場金利と債券価格は逆の動きをします。市場金利が上昇すると債券価格は下落し、市場金利が低下すると債券価格は上昇するということです。また、市場金利と利回りは同じ動きをするため、金利が上昇すれば利回りも上昇します。

【市場金利と債券価格の関係】

市場金利	債券価格	債券の利回り （最終利回り）
上昇 ↗	下落 ↘	上昇 ↗
低下 ↘	上昇 ↗	低下 ↘

（43） 解答▶ **3**　　　　　　　　📖 トリセツテキスト　P217

本問の「成長性」というキーワードに注目します。今後の成長を見込んで銘柄を選定する手法はグロース投資です。

LEC先生の
なるほど
講義

> 投資信託の手法に関する問題では、キーワードを見つけることがポイントです。
>
> 　　　運用手法　　　キーワード
> ・グロース運用 ➡「成長性」
> ・パッシブ運用 ➡「ベンチマークに連動」
> ・バリュー運用 ➡「割安」

（44） 解答▶ **1**　　　　　　　　📖 トリセツテキスト　P200

ROE は自己資本利益率のことで、自己資本によりどれだけ効率よく利益を出すことができたかを表す指標です。

ROE（自己資本利益率）＝当期純利益÷自己資本×100（％）

(45) ▶ 解答▶ **1** 　　　　　　📖 トリセツテキスト P174-175

預け入れた全額が保護の対象になる預金は決済用預金です。決済用預金とは、「無利息」「要求払い（いつでも引出し可能）」「決済サービス（引落しに利用できる）」の条件を満たした預金で、当座預金などが該当します。
決済用預金以外の預金には保護される金額に上限があり、「元本1,000万円とその利息」が上限です。

(46) ▶ 解答▶ **2** 　　　　　　📖 トリセツテキスト P264

減価償却とは、固定資産の価値が時間の経過によって減少する部分を費用化するしくみです。建物・機械装置・備品・ソフトウェアなど、ほとんどの固定資産は減価償却を行いますが、土地は経年劣化する固定資産ではないため減価償却をしません。

(47) ▶ 解答▶ **2** 　　　　　　📖 トリセツテキスト P306

所得税の確定申告は、原則として所得が生じた年の翌年2月16日から3月15日までです。

LEC先生の
なるほど
講義

よく出題される申告期間は次のとおりです。間違いやすいので違いを押さえておきましょう。

所得税	翌年2月16日から3月15日
贈与税	翌年2月1日から3月15日
消費税（個人事業主）	翌年1月1日から3月31日

2012年1月1日以降に締結した生命保険の生命保険料控除額の計算は、次の計算式に当てはめて行います。

年間の支払保険料の額	生命保険料控除額
20,000円以下	支払保険料の全額
20,000円超　40,000円以下	支払保険料×1/2＋10,000円
40,000円超　80,000円以下	支払保険料×1/4＋20,000円
80,000円超	一律40,000円

本問では支払保険料の額が12万円なので8万円を超えているため、生命保険料控除の金額は上限の4万円になります。

住宅借入金等特別控除（住宅ローン控除）を受けるための主な適用要件は以下のとおりです。

床面積	50㎡以上 床面積の2分の1以上が自己の居住用である
住宅ローン	返済期間10年以上
納税者の所得	合計所得金額2,000万円以下
居住の開始	住宅取得から6カ月以内に居住開始 （控除を受ける年の12月31日まで居住している必要あり）

※制度改正により2024年末までは、40㎡以上50㎡未満の住宅についても、所得要件を1,000万円以下として本控除が適用になります。

配当控除を受けるためには総合課税を選択する必要があります。配当金は配当所得として他の所得と合わせて総所得金額とした上で所得税額を求めます。その所得税額から税額控除のひとつとして配当控除をするためです。

(51) 解答▶ **1**　　　　📖 トリセツテキスト P329

不動産登記記録は、表題部と権利部に分かれ、権利部はさらに甲区と乙区に分かれます。

表題部		土地や建物の所在、地番、家屋番号、地積、床面積などを記録
権利部	甲区	所有権に関する事項を記録
	乙区	所有権以外の権利（抵当権、賃借権、借地権など）に関する事項を記録

(52) 解答▶ **2**　　　　📖 トリセツテキスト P330

不動産登記における仮登記とは、必要な書類が準備できていないなどの理由で本登記ができない場合に、本登記の順位を保全（確保）するものです。しかし、仮登記はあくまでも本登記の順位が先だというだけで、所有権の移転はされていないため第三者に対抗できません。本登記をしてはじめて所有権の移転を第三者に対抗できます。

(53) 解答▶ **3**　　　　📖 トリセツテキスト P375

これまで居住していた家を譲渡（売却）して、新しい家を購入するときに利用できるのが、「特定の居住用財産の買換えの場合の長期譲渡所得の課税の特例」です。主な要件は次のとおりです。

譲渡した家の所有期間	譲渡した年の1月1日時点で10年間
譲渡した家の居住期間	10年以上
譲渡した家の譲渡価格	1億円以下
新しく取得した居住用財産の床面積	50㎡以上

(54) 解答▶ **1**　　　　📖 トリセツテキスト P360

第一種・第二種低層住居専用地域内と田園住居地域内の建築物の高さは、都市計画で定められた10mまたは12mのどちらかの高さを上限とする規定があります。これを一般に絶対高さ制限といいます。

（55）　解答 ▶ **2**　　　　　　　　📖 トリセツテキスト　P385

不動産投資の純利回り（NOI利回り）は、不動産の投資額に対して利益（収入から費用を差し引いたもの）がどれだけの割合なのかを表します。

> 純利回り（％）＝（年間収入合計 － 年間費用合計）÷ 投資総額 × 100

（1,050万円 － 300万円）÷ 1億2,000万円 × 100 ＝ **6.25%**

（56）　解答 ▶ **2**　　　　　　　　📖 トリセツテキスト　P418

死因贈与とは、例えば「自分が死んだらこの家は孫のAにあげる」などと、死亡することを条件に贈与契約をすることです。"贈与"とついていますが、死亡を原因とした財産の所有権の移動なので、贈与税ではなく相続税の課税対象です。

（57）　解答 ▶ **2**　　　　　　　　📖 トリセツテキスト　P397

相続人は、配偶者（妻Bさん）と第一順位である子（長男Cさん・二男Dさん）です（長女Eさんは既に死亡しているので相続人ではありません）。
第一順位がいる場合の配偶者の法定相続分は2分の1です。残りの2分の1を長男Cさんと二男Dさんで分けます。
1/2 × 1/2 ＝ 1/4
長男Cさんの法定相続分は4分の1です。

 (58)　解答 ▶ **1**　　　　📖 トリセツテキスト　P399

相続放棄をするには、原則として、相続があったことを知った日から**3**カ月以内に、家庭裁判所に相続放棄をする旨を申述しなければなりません。

相続放棄は、被相続人の財産を一切相続しない手続きです。相続放棄したい人が単独で申述できます。

(59)　解答 ▶ **1**　　　　📖 トリセツテキスト　P437-438

上場株式の相続税評価額は、次の**4**つのうち最も低い価額です。

ア　課税時期（被相続人の死亡日）の終値

イ　課税時期のある月の終値平均額

ウ　課税時期の前月の終値平均額

エ　課税時期の前々月の終値平均額

本問に当てはめると次のようになります。

ア **600**円　イ **620**円　ウ **600**円　エ **540**円

最も低い価額なので、**540**円が正解です。

 LEC先生の なるほど 講義

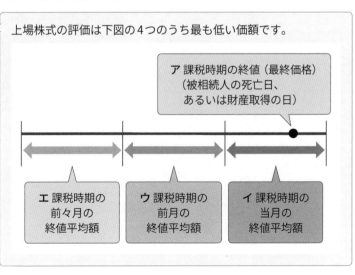

上場株式の評価は下図の**4**つのうち最も低い価額です。

ア 課税時期の終値（最終価格）
（被相続人の死亡日、あるいは財産取得の日）

エ 課税時期の
前々月の
終値平均額

ウ 課税時期の
前月の
終値平均額

イ 課税時期の
当月の
終値平均額

「小規模宅地等についての相続税の課税価格の計算の特例」は、要件を満たせば土地の相続税評価額を減額できる特例です。当特例の限度面積と評価減の割合は次のとおりです。

利用区分	限度面積	評価減の割合
特定居住用宅地等	330 ㎡	80%
特定事業用宅地等 特定同族会社事業用宅地等	400 ㎡	80%
貸付事業用宅地等	200 ㎡	50%

チャレンジ2
論点チェック表

学科試験

苦手な分野と
論点をチェック！

※配点は各1点となります

問題	分野	論　点	正　解	チェック
1	ライフ	FP業務と関連業法	×	☐
2		労災保険	○	☐
3		国民年金	×	☐
4		遺族基礎年金	○	☐
5		フラット35	×	☐
6	リスク	クーリング・オフ	×	☐
7		変額個人年金保険	○	☐
8		死亡保険金課税関係	×	☐
9		普通傷害保険	×	☐
10		先進医療保険	○	☐
11	金融	日銀短観	×	☐
12		投資適格債	×	☐
13		投資信託の運用手法	×	☐
14		新NISAのつみたて投資枠	○	☐
15		適合性の原則	○	☐
16	タックス	利子所得の課税関係	×	☐
17		個人型確定拠出年金の老齢給付金	×	☐
18		社会保険料控除	○	☐
19		上場不動産投資信託	×	☐
20		医療費控除	×	☐
21	不動産	固定資産税評価額	○	☐
22		借地借家法	×	☐
23		都市計画法	○	☐
24		不動産譲渡の特例	×	☐
25		建築基準法	○	☐
26	相続	定期贈与	○	☐
27		自筆証書遺言	○	☐
28		相続税の2割加算	○	☐
29		相続税の遺産に係る基礎控除	○	☐
30		不動産の相続税評価	×	☐

31	ライフ	６つの係数	1	☐
32		任意継続被保険者	2	☐
33		付加年金	1	☐
34		障害基礎年金	2	☐
35		総量規制	2	☐
36	リスク	ソルベンシー・マージン比率	1	☐
37		生命保険料控除	1	☐
38		法人保険	2	☐
39		個人賠償責任保険	3	☐
40		がん保険	1	☐
41	金融	経済指標	2	☐
42		債券価格と金利の関係	3	☐
43		投資信託の運用手法	3	☐
44		株式の投資指標	1	☐
45		預金保険制度	1	☐
46	タックス	減価償却資産	2	☐
47		確定申告	2	☐
48		生命保険料控除	1	☐
49		住宅借入金等特別控除	1	☐
50		配当控除	1	☐
51	不動産	土地の登記登録	1	☐
52		仮登記	2	☐
53		不動産買換えの特例	3	☐
54		建築基準法	1	☐
55		NOI利回り	2	☐
56	相続	死因贈与の課税対象	2	☐
57		法定相続分	2	☐
58		相続放棄	1	☐
59		上場株式の相続税評価額	1	☐
60		小規模宅地等の特例	3	☐

分野別得点表

ライフ	リスク	金融	タックス	不動産	相続
／10	／10	／10	／10	／10	／10

合格基準点数 **36**／60 → あなたの合計得点 ／60

では、
解説します！

日本FP協会・金財
共通

（1）　解答▶ ✕　　　　　　　　　　　📖 トリセツテキスト　P5

弁護士ではない者が任意後見契約の受任者になることは弁護士法に抵触しません。弁護士等の資格がなくても任意後見受任者や任意後見人になることができます。

（2）　解答▶ ◯　　　　　　　　　　　📖 トリセツテキスト　P39

75歳になると、それまで加入していた健康保険や国民健康保険などの被保険者から、すべての人が後期高齢者医療制度の被保険者となります。

（3）　解答▶ ◯　　　　　　　　　　　📖 トリセツテキスト　P72

国民年金基金は、国民年金の第1号被保険者だけが加入できる公的な年金制度です。国民年金保険料を納めている第1号被保険者は任意で加入できますが、任意で脱退できません。原則として60歳まで加入し続けることになります。

（4）　解答▶ ◯　　　　　　　　　　　📖 トリセツテキスト　P69

国民年金の第1号被保険者（自営業者など）が確定拠出年金の個人型年金（iDeCo）に加入した場合、掛金は年間816,000円まで拠出できます。

（5）　解答 ▶ ○　　　　　　　　　　　　　　　　 トリセツテキスト　P21

日本学生支援機構の奨学金と国の教育ローンは重複して利用できます。奨学金は学生本人に融資されますが、国の教育ローンは主に保護者が融資の対象になるなど、申込みや審査は別々に行われます。

（6）　解答 ▶ ✕　　　　　　　　　　　　　　　　 トリセツテキスト　P90

生命保険契約者保護機構による補償の対象となるのは、責任準備金の90％までです。責任準備金とは、保険会社が保険金や給付金、解約返戻金を支払うために積み立てている準備金のことです。

（7）　解答 ▶ ○　　　　　　　　　　　　　　　　 トリセツテキスト　P96

純保険料は予定利率（保険料を運用して得られる予想利回り）と予定死亡率（統計により算出された死亡の割合）で計算されます。

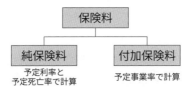

 **（8）** 解答▶ ◯

📖 トリセツテキスト P105

ていぞう
逓増定期保険は、主に経営者に向けた生命保険商品です。期間の経過とともに保険金額が増加するタイプの生命保険で、経営者の退職金の財源として活用されることもあります。保険金額は増加しますが、保険料は保険期間を通じて変わりません。

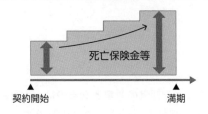

 **（9）** 解答▶ ✕

📖 トリセツテキスト P144

海外旅行傷害保険では、海外旅行中の地震、津波、噴火による傷害も補償されます。それに対し、国内旅行傷害保険では、地震、津波、噴火による傷害は補償されません。

 **（10）** 解答▶ ✕

📖 トリセツテキスト P110

こども保険（学資保険）は、契約者である親が死亡しても死亡保険金は支払われません。しかし、当初の契約どおりに満期保険金やお祝い金が支払われます。親の死亡後は保険料の支払いが免除されるのも、こども保険の特徴です。

（11） 解答▶ ◯

📖 トリセツテキスト P165

マネーストック統計は、通貨保有主体が保有している通貨の残高を集計したものです。通貨保有主体に含まれるのは、個人、一般法人、地方公共団体です。国や金融機関は含まれません。

（12）　解答 ▶ 　◯　　　　　　　　　　　　📖 トリセツテキスト　P232-233

公募株式投資信託の収益分配金は、普通分配金と元本払戻金（特別分配金）に分かれます。普通分配金は株式の配当金と同様に、収益であるため課税されます。一方の元本払戻金は、個別元本の一部が払い戻されたものであり、預けたお金が返ってきたというイメージです。そのため、非課税として取り扱います。

LEC先生の なるほど講義

公募株式投資信託の税金をまとめると次のようになります。確認しておきましょう。

公募株式投資信託の税金

収益分配金	普通分配金	配当所得
	特別分配金	非課税
売却益、償還差益、解約差益		譲渡所得

（13）　解答 ▶ 　◯　　　　　　　　　　　　📖 トリセツテキスト　P204-205

株式売買は、成行注文の方が指値注文よりも優先して売買されます。

LEC先生の なるほど講義

成行注文と指値注文の特徴を押さえましょう。

成行注文	売買したい数量のみ注文する方法 金額は指定しないので予想外の価格で売買されることもある
指値注文	売買したい数量と金額を指定して注文する方法 成行注文が優先されるため売買が成立しないこともある

（14）　解答 ▶ 　◯　　　　　　　　　　　　📖 トリセツテキスト　P224-225

預入時よりも満期時の為替レートが円安になると、円換算の利回りは高くなります。円安とは、例えば1ドル当たり100円が105円に変動することです。100円で預けたものが105円になって戻ってくるため、差額の5円分が利益になります。このように、定期預金の利息とは別に為替レートの変動により利益が生まれ、その結果、利回りが高くなります。

（15）　解答▶　✖　　　　　　　　　　　　　　📖 トリセツテキスト P239

オプション取引において、買う権利をコール・オプション、売る権利をプット・オプションといいます。オプション取引は、買う権利・売る権利を売買するもので、将来の一定期日にその権利を行使するかどうかを決めます。

（16）　解答▶　✖　　　　　　　　　　　　　　📖 トリセツテキスト P268

退職する人が会社に対して「退職所得の受給に関する申告書」を提出した場合は、会社側で退職所得控除額等を考慮した税額を算出し、適正額の源泉徴収がなされます。一方、同申告書を提出しなかった場合には、退職手当金等の金額から20.42％の税率で源泉徴収が行われます。

（17）　解答▶　✖　　　　　　　　　　　　　　📖 トリセツテキスト P282

一般口座や特定口座で生じた譲渡益や配当金は所得税の課税対象であり、所得税の計算の過程で損益通算ができます。しかし、NISA口座内で生じた譲渡益や配当金は非課税であるため、所得税の計算を要しません。そのため、NISA口座とその他の一般口座や特定口座との間では損益通算できません。

（18）　解答▶　◯　　　　　　　　　　　　　　📖 トリセツテキスト P286

配偶者控除は、配偶者の所得金額は一切関係なく、納税者本人の所得金額が1,000万円を超えると適用できません。配偶者の所得が関係するのは配偶者特別控除です。配偶者特別控除は、配偶者の所得金額が133万円を超える、または納税者本人の所得金額が1,000万円を超えると適用できません。

配偶者控除の控除額は次のとおりです。すべて覚える必要はありませんが、色文字の部分は押さえておきましょう。

配偶者控除の控除額

納税者本人の合計所得金額	控除額	
	控除対象配偶者	老人控除対象配偶者
900万円以下	38万円	48万円
900万円超　950万円以下	26万円	32万円
950万円超　1,000万円以下	13万円	16万円

（19） 解答 ▶ ○ 　　　　　　　　　　📖 トリセツテキスト　P289-290

控除対象扶養親族の要件は、次のとおりです。
・納税者と生計を一にしている
・12月31日時点で16歳以上である
・扶養親族の合計所得金額が48万円以下である
・青色事業専従者、事業専従者ではない
したがって、16歳未満の扶養親族は扶養控除の対象外です。

（20） 解答 ▶ ✕ 　　　　　　　　　　📖 トリセツテキスト　P313

青色申告者の特典として純損失の繰越控除があります。損益通算してもなお控除しきれない損失が残っている場合に、その損失を翌年以降最長で3年間繰越して、所得金額から控除できるというものです。

（21） 解答 ▶ ○ 　　　　　　　　　　📖 トリセツテキスト　P332

不動産の登記事項証明書は、利害関係者だけでなく誰でも交付請求ができます。法務局等の窓口で請求するほか、オンラインで請求することもできます。

 （22） 解答 ▶ ✕

📖 トリセツテキスト P334

自己が所有する建物（アパートやマンション）や土地を自らが賃貸する場合には、宅地建物取引業の免許は必要ありません。

 （23） 解答 ▶ ◯

📖 トリセツテキスト P359

建築物が防火地域と準防火地域にまたがる場合、より規制の厳しい方の規定が適用されます。そのため、その建築物の全部に防火地域の規定が適用されることになります。

 （24） 解答 ▶ ✕

📖 トリセツテキスト P372

長期譲渡所得に該当するのは、所有期間が取得日から譲渡した年の1月1日時点で5年超の場合です。2018年10月1日から2023年1月1日までの期間は4年3カ月なので、Aさんが土地を譲渡する場合、短期譲渡所得に区分されます。

LEC先生の
なるほど
講義

土地や建物の譲渡所得は「短期譲渡所得」と「長期譲渡所得」に区分します。それぞれ税率が異なり、長期譲渡所得の方が税率が低く設定されています。

設問は建蔽率の説明文です。容積率とは、建築物の延べ床面積の敷地面積に対する割合です。

 LEC先生の
なるほど
講義

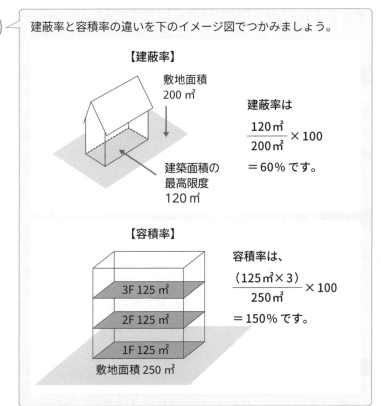

建蔽率と容積率の違いを下のイメージ図でつかみましょう。

【建蔽率】

敷地面積
200 ㎡

建築面積の
最高限度
120 ㎡

建蔽率は

$\dfrac{120\,㎡}{200\,㎡} \times 100$

$= 60\%$ です。

【容積率】

3F 125 ㎡

2F 125 ㎡

1F 125 ㎡

敷地面積 250 ㎡

容積率は、

$\dfrac{(125\,㎡ \times 3)}{250\,㎡} \times 100$

$= 150\%$ です。

贈与契約は、贈与者と受贈者の合意のもとで効力が生じます。これを諾成契約といいます。どちらか一方の意思表示だけでは贈与契約は成立しません。

（27） 解答 ▶ ○　　　　　　　　　　　　　　📖 トリセツテキスト　P427

「教育資金一括贈与の特例」は、直系尊属から30歳未満の子や孫に対して非課税で教育資金を一括贈与できる特例です。当特例が適用される受贈者（子や孫）の要件として、「贈与を受けた年の前年分の所得金額が1,000万円以下であること」が挙げられます。

（28） 解答 ▶ ✕　　　　　　　　　　　　　　📖 トリセツテキスト　P398-399

遺産分割の方法が指定されていない場合、法定相続分どおりに財産を分割することもできますが、遺産分割協議により相続人全員での話し合いのもとで財産分割することも可能です。

（29） 解答 ▶ ○　　　　　　　　　　　　　　📖 トリセツテキスト　P395

養子縁組には以下の2つの方法があります。

普通養子縁組	実方の父母との親子関係は存続する
特別養子縁組	実方の父母との親子関係は断ち切られる

（30） 解答 ▶ ○　　　　　　　　　　　　　　📖 トリセツテキスト　P439

生命保険契約に関する権利の相続税評価額は、相続開始時に解約した場合に受け取れる「解約返戻金の額」です。

LEC先生の
なるほど
講義

> 死亡保険金の金額や、既払込保険料の額ではありません。相続が開始した時点の価値で評価されるため「解約返戻金の額」になります。

(31) 解答 ▶ **3** 📖 トリセツテキスト P10

可処分所得とは、給与所得者の場合、給与収入から支払い義務のある税金や社会保険料を除いた、自由に使える金額です。

> 可処分所得＝給与収入－（所得税・住民税＋社会保険料）

680万円－（58万円＋96万円）＝ 526万円

> **LEC先生の なるほど講義**
> 生命保険料は個人の自由に使える資金の中から支払うものなので控除しません。

(32) 解答 ▶ **2** 📖 トリセツテキスト P40

介護保険は、第1号被保険者と第2号被保険者に区分されます。

	対象者
第1号被保険者	65歳以上の人
第2号被保険者	40歳以上65歳未満の人

(33) 解答 ▶ **1** 📖 トリセツテキスト P35-36

傷病手当金は、健康保険の被保険者がケガや病気により勤務できず給料がもらえないときに支給されるものです。

> 傷病手当金の額＝12カ月間の標準報酬平均月額÷30×2/3

> **LEC先生の なるほど講義**
> 「12カ月間の標準報酬平均月額÷30」は、12カ月の平均的な給料を30日で割ることで、1日当たりの平均的な給料を見積もった額です。その3分の2が傷病手当金として支給されるということです。

チャレンジ **3** 学科試験 解答＆解説

（34） 解答▶ **2**　　　　　　　　　　　　　　　 トリセツテキスト　P54

繰下げした期間は24カ月（65歳0カ月から67歳0カ月まで）です。繰下げによる1カ月当たりの増加率は0.7％なので、老齢基礎年金の増加率は次のようになります。
0.7％×24カ月＝**16.8％**

（35） 解答▶ **1**　　　　　　　　　　　　　　　 トリセツテキスト　P305

住宅借入金等特別控除の要件のひとつに、「**住宅ローンの償還期間10年以上**」があります。借入れ当初、返済までの期間が10年以上あり、住宅借入金等特別控除の適用を受けていたとしても、繰上げ返済により返済期間が短くなり、**10年未満**となった場合には、当控除を受けられません。

（36） 解答▶ **1**　　　　　　　　　　　　　　　 トリセツテキスト　P92

告知義務違反とは、保険契約の時に顧客が虚偽の告知をすることで、これを知った保険会社は、保険契約を解除できます。契約解除できるのは、告知義務違反を知った時から**1カ月間**、または保険契約の締結時から**5年間**です。

（37） 解答▶ **2**　　　　　　　　　　　　　　　 トリセツテキスト　P100

契約者貸付制度とは、生命保険契約の**解約返戻金額**の一定の範囲内で保険会社から資金の貸付けを受けられる制度です。

 LEC先生の
なるほど
講義

> 契約者貸付制度を利用することで、保険契約を解約することなく、その時点で解約した場合に受け取れる金額の範囲内で必要な資金の貸付けを受けられますが、貸付けなので利息が発生します。

（38）　解答▶ **2**　　　　　　　　　トリセツテキスト　P143

単独事故で運転者自身のケガを補償できる保険は人身傷害（補償）保険です。対人賠償保険や自動車損害賠償責任保険は、人身事故による被害者を救済する保険であるため、本問には適切ではありません。

（39）　解答▶ **3**　　　　　　　　　トリセツテキスト　P105

収入保障保険とは、被保険者が死亡したとき（または高度障害状態になったとき）に、定められた期間内、年金形式で保険金が給付される生命保険です。年金形式ではなく一時金として一括で受け取ることもできますが、その場合、**年金形式に比べて受取総額は少なくなります**。

LEC先生の
なるほど
講義

> 保険会社は死亡保険金を一括で支給することで運用資金が減少することになり、運用利益も減ってしまいます。見込んでいた運用利益の分、年金形式に比べて保険金額が少なくなるということです。

（40）　解答▶ **2**　　　　　　　　　トリセツテキスト　P147

火災や自然災害などにより店舗営業できないことによる利益損失を補償するには「企業費用・利益総合保険」が適しています。また、工場の場合、自然災害により機械装置が損害を受けて稼働ができず、生産ができないことによる損失なども補償の対象になります。

（41） 解答 ▶ **2**　　　　　　　　　　　📖 トリセツテキスト　P170-171

本問は金融政策のひとつ「**公開市場操作**」の「**買いオペレーション**」の説明です。

買いオペレーションのしくみ

①日本銀行は金融機関が保有する有価証券を買い入れる

②金融機関には有価証券の売却代金が入金される（貸出しできる資金が増える）

③金融機関は消費者に資金を貸し出して、市中の通貨量が**増加**する

（42） 解答 ▶ **1**　　　　　　　　　　　📖 トリセツテキスト　P197

所有期間利回りは次の計算式で求めます。

$$\dfrac{表面利率 + \dfrac{（売却価格-購入価格）}{保有年数}}{購入価格} \times 100$$

$$\dfrac{2.0 + \dfrac{(102 - 103)}{3年}}{103} \times 100 = 1.6181\cdots \ \blacktriangleright 小数点以下第3位四捨五入 \quad \textbf{1.62\%}$$

LEC先生の
なるほど
講義

> 所有期間利回りでは、実際に所有した期間を計算に用います。残存期間は使用しないので注意しましょう。

（43） 解答 ▶ **2**　　　　　　　　　　　📖 トリセツテキスト　P217

PER や PBR などの指標が低いものを**割安**な銘柄と評価して投資対象とする運用方法をバリュー運用といいます。

(44) 解答 ▶ **2**　　　📖 トリセツテキスト　P237

ポートフォリオの期待収益率は、組み入れる資産を加重平均して求めます。

	期待収益率		組入割合	
A資産	3%	×	40%	＝1.2%
B資産	5%	×	60%	＝3.0%
	加重平均した期待収益率			4.2%

(45) 解答 ▶ **1**　　　📖 トリセツテキスト　P175-176

証券会社は、本来「顧客から預かった有価証券と金銭」と「会社の資金」を分別して管理しなくてはいけません。しかし、この分別義務に違反し、さらに証券会社が破綻した場合に顧客を保護するための団体が日本投資者保護基金です。顧客1人につき1,000万円まで補償されます。

(46) 解答 ▶ **1**　　　📖 トリセツテキスト　P272-273

一時所得の算式は次のとおりです。

一時所得＝総収入金額－その収入を得るために支出した金額－特別控除額（最高50万円）

総所得金額に算入する一時所得は、さらに2分の1の金額になります。

総収入金額500万円－支出した額250万円－特別控除額50万円＝一時所得200万円
一時所得200万円×1/2＝総所得金額に算入する一時所得100万円

(47) 解答 ▶ **1**　　　📖 トリセツテキスト　P274

老齢年金の給付金を受け取ったことによる所得は雑所得です。国民年金基金や確定拠出年金の給付金も雑所得になります。

（48）　解答▶ **1**　　　トリセツテキスト　P311

所得税の青色申告の申請は、納税地の所轄税務署長に対して、その年の**3月15日**までに行います。しかし、その年の**1月16日**以降に新しく事業を開始した場合には、その業務を開始した日から**2カ月以内**に、青色申告承認申請書を提出しなければなりません。

（49）　解答▶ **2**　　　トリセツテキスト　P295

医療費控除の金額は以下の計算式のいずれかにより算出し、多い方の金額になります。
① （医療費 − 保険金等で補てんされる金額） − 10万円★
② （医療費 − 保険金等で補てんされる金額） − （総所得金額 × 5％）★
①②の計算式は★の部分が異なります。★の部分が低ければ低いほど、医療費控除として控除できる金額が大きくなります。つまり、「10万円」と「総所得金額 × 5％」のうちいずれか低い方の金額を控除して算出することになります。

（50）　解答▶ **2**　　　トリセツテキスト　P285

基礎控除は納税者本人の合計所得金額により変動します。

合計所得金額		基礎控除の額
	2,400万円以下	48万円
2,400万円超	2,450万円以下	32万円
2,450万円超	2,500万円以下	16万円
2,500万円超		0円（適用できない）

（51）　解答▶ **2**　　　トリセツテキスト　P341

居住用に供する建物を目的として設定できないのは**事業用定期借地権**です。事業用定期借地権の場合、利用目的は事業用に限られます。

(52) 解答 ▶ **1** トリセツテキスト　P335

宅地建物取引業者と依頼者の間で締結する媒介契約は、「一般媒介契約」「専任媒介契約」「専属専任媒介契約」の３種類です。

	一般媒介契約	専任媒介契約	専属専任媒介契約
契約の有効期間	なし	３カ月以内	

> 専任媒介契約と専属専任媒介契約では、３カ月を超える契約をしても有効期間は３カ月になります。

---

(53) 解答 ▶ **1** トリセツテキスト　P367-378

固定資産税は、「課税標準×税率（標準税率1.4％）」で算出されますが、住宅用地については、課税標準の特例があります。

・小規模住宅用宅地（200㎡以下の部分）➡課税標準×６分の１
・小規模住宅用地以外の一般住宅用地➡課税標準×３分の１

---

(54) 解答 ▶ **2** トリセツテキスト　P350

第一種低層住居専用地域内に建築できないのは「ホテル」です。第一種低層住居専用地域に建築できるのは、住宅や共同住宅、保育園、小中学校、老人ホームなどです。

55

解答▶ **2** トリセツテキスト　P382-384

土地の有効活用の手法として以下のようなものがあります。

自己建設方式	資金調達から企画・運営・管理まですべて自分で行う
事業受託方式	資金調達は自分で行うが、それ以外のすべてを業者に委託する
等価交換方式	デベロッパーに土地を提供して建物を建築してもらい、出資割合に応じて土地・建物を分ける
建設協力金方式	土地所有者が入居予定のテナントから資金を借りて建物を建築し、借入返済額を差し引いた額をテナントから賃貸料として受け取る
定期借地権方式	定期借地権を設定して、地代を受け取る
土地信託方式	信託銀行に資金調達から企画・経営などのすべてを任せて配当を受け取る

解答▶ **3** トリセツテキスト　P422-423

贈与税の配偶者控除は、配偶者へ居住用財産（または居住用財産を取得するための金銭）を贈与した場合、一定金額まで贈与税が非課税となる制度です。

婚姻期間	20年以上
非課税になる金額	最高2,000万円（贈与税の基礎控除110万円も併用可能）
贈与する財産	居住用財産または居住用財産を取得するための金銭

57

解答▶ **2** トリセツテキスト　P402-403

本問で問われているのは、子（直系卑属）である長女Eさん（法定相続分1/6）の遺留分の金額です。直系卑属の遺留分の金額は、次の計算式で算出します。

直系卑属の遺留分＝遺留分算定の財産価額×1/2×法定相続分

6億円×1/2×1/6＝5,000万円

配偶者と直系卑属の遺留分は、遺産の金額を2分の1したものに法定相続分を乗じて算出します。

（58） 解答 ▶ **3**　　　　　　　　📖 トリセツテキスト　P416

相続税の申告書の提出および納税は、原則として、相続の開始があったことを知った日の翌日から **10カ月**以内です。

LEC先生の
なるほど
講義

相続にかかわる申告期限でよく出題されるものは以下の３つです。

相続放棄、限定承認の申述	３カ月以内
準確定申告	４カ月以内
相続税の申告、納税	10カ月以内

しっかり覚えましょう。

（59） 解答 ▶ **1**　　　　　　　　📖 トリセツテキスト　P409

死亡保険金の非課税限度額の計算式は以下のとおりです。

非課税限度額＝ **500万円**×法定相続人の数

LEC先生の
なるほど
講義

「法定相続人の数」には相続放棄した人も含みます。

（60） 解答 ▶ **2**　　　　　　　　📖 トリセツテキスト　P433

路線価図に付されているアルファベットは借地権割合を示します。Aを90％として次のように順に10％ずつ下がります。

A	B	C	D	E	F	G
90％	80％	70％	60％	50％	40％	30％

本問は「C」なので **70％** です。

苦手な分野と
論点をチェック！

学科試験

※配点は各1点となります

問題	分野	論点	正解	チェック
1	ライフ	FP業務と関連業法	×	☐
2		後期高齢者医療制度	○	☐
3		国民年金基金	○	☐
4		確定拠出年金	○	☐
5		教育資金	○	☐
6	リスク	生命保険契約者保護機構	×	☐
7		生命保険料の構成	○	☐
8		逓増定期保険	○	☐
9		海外旅行傷害保険	×	☐
10		こども保険（学資保険）	×	☐
11	金融	マネーストック統計	○	☐
12		投資信託の収益分配金	○	☐
13		株式の売買方法	○	☐
14		外貨預金と為替変動の関係	○	☐
15		オプション取引	×	☐
16	タックス	退職所得の課税関係	×	☐
17		NISA口座	×	☐
18		配偶者控除	○	☐
19		扶養控除	○	☐
20		純損失の繰越控除	×	☐
21	不動産	不動産の登記記録	○	☐
22		宅地建物取引業	×	☐
23		防火地域	○	☐
24		長期譲渡所得	×	☐
25		容積率	×	☐
26	相続	贈与契約の効力	×	☐
27		教育資金の一括贈与	○	☐
28		遺産分割	×	☐
29		養子縁組	○	☐
30		生命保険金の権利の相続税評価額	○	☐

31	ラ	可処分所得	3	☐
32	イ	介護保険	2	☐
33	フ	傷病手当金	1	☐
34		老齢基礎年金の繰下げ支給	2	☐
35		住宅借入金等特別控除	1	☐
36	リ	保険法	1	☐
37	ス	契約者貸付制度	2	☐
38	ク	自動車保険	2	☐
39		収入保障保険	3	☐
40		リスク管理と保険	2	☐
41	金	金融政策	2	☐
42	融	債券の利回り計算	1	☐
43		投資信託の運用手法	2	☐
44		ポートフォリオの期待収益率の計算	2	☐
45		日本投資者保護基金	1	☐
46	タ	一時所得	1	☐
47	ッ	老齢給付の課税関係	1	☐
48	ク	青色申告	1	☐
49	ス	医療費控除	2	☐
50		基礎控除	2	☐
51	不	借地借家法	2	☐
52	動	媒介契約	1	☐
53	産	固定資産税の特例	1	☐
54		用途地域	2	☐
55		土地の有効活用	2	☐
56	相	贈与税の配偶者控除	3	☐
57	続	遺留分	2	☐
58		相続税の申告期限	3	☐
59		死亡保険金の非課税限度額	1	☐
60		路線価図の借地権割合	2	☐

分野別得点表

ライフ	リスク	金融	タックス	不動産	相続
／10	／10	／10	／10	／10	／10

合格基準点数 **36**／60 ➡ あなたの合計得点 ／60

解答＆解説編

[日本FP協会]
資産設計提案業務

さあ、
解説するよ！

問1 　解答▶ **2** 　　　　　　　　　　　　　📖 トリセツテキスト　P5-7

1．適切 　他人の著作物を引用する場合には、自分の著作部分と引用する著作物との主従関係が明確である必要があります。

2．不適切 　どこが引用部分で、どこが自ら作成した部分かを明らかにするため、自分の著作物と引用部分は明確に区別する必要があります。

3．適切 　他人の著作物を引用する際には、タイトルや著作権者名といった出典元を明記する必要があります。

問2 　解答▶ **1** 　　　　　　　　　　　　　📖 トリセツテキスト　P10-11

1．不適切 　基準年の基本生活費は287万円で、変動率は2％です。
　　　　　　4年後の基本生活費は変動費2％の4年複利となりますので、
　　　　　　（ア）＝ 287万円 ×（1 ＋ 0.02）^{4} ＝ 310.6…→311万円（万円未満四捨五入）

2．適切 　年間収支＝収入合計－支出合計で求めることができます。
　　　　　（イ）＝ 830万円 － 627万円 ＝ 203万円

3．適切 　金融資産残高は、前年の金融資産残高を運用した結果の金額にその年の年間収支を加えた値となります。
　　　　　すなわち、1年後の金融資産残高627万円が変動率1％で増加した値に、2年後の年間収支208万円を加えることで求めることができます。
　　　　　（ウ）＝ 627万円 ×（1 ＋ 0.01）＋ 208万円 ＝ 841.27→841万円（万円未満四捨五入）

| 問3 | 解答 ▶ **2** | 📖 トリセツテキスト　P12-13 |

純資産額＝資産－負債であるため、マンション購入後の資産と負債のそれぞれの合計を計算します。

資産の部
　普通預金　　　　　：　100万円
　定期預金　　　　　：　　50万円（マンションの頭金200万円を差し引く）
　財形住宅貯蓄　　　：　　　0円（マンションの頭金200万円を差し引く）
　生命保険　　　　　：　　10万円
　不動産（マンション）：3,000万円
　資産合計　　　　　：100万円＋50万円＋10万円＋3,000万円＝3,160万円
負債の部
　住宅ローン　　　　：2,500万円
　負債合計　　　　　：2,500万円

純資産額は、3,160万円－2,500万円＝**660万円**

| 問4 | 解答 ▶ **2** | 📖 トリセツテキスト　P14-19 |

毎年一定額を積み立てて複利運用した結果を求めるには、年金終価係数を用います。

毎年の積立額×年金終価係数＝将来の積立額合計
したがって、36万円×10.950＝**3,942,000円**

被保険者が死亡した場合、遺族に対して遺族基礎年金や遺族厚生年金が支給されます。

〈遺族基礎年金〉
子（18歳未満）や子のいる配偶者が支給対象となります。妻の理恵さんには2歳の千穂さんがいるため、遺族基礎年金が支給されます。

〈遺族厚生年金〉
被保険者によって生計を維持されていた配偶者および子、父母、孫、祖父母に支給されます。妻の理恵さんは、浩介さんに生計を維持されていたため、遺族厚生年金も支給されます。

ほんださん　サクッとコメント

寡婦年金は、子のない妻に対し、60歳から老齢基礎年金の支給開始年齢まで支給されます。一方、国民年金の死亡一時金は、遺族基礎年金を受け取れる人がいない場合に支給されるものです。

1．不適切　PER（株価収益率）とは、現在の株価が1株当たりの当期純利益の何倍かを示すもので、PERが低いほど割安であることを示します。
株価収益率（PER）＝株価÷1株当たり利益
QX社のPER＝910円÷45円＝20.22…倍
日経平均採用銘柄のPERは14.23倍ですので、QX社の方が割高となります。

2．適切　PBR（株価純資産倍率）とは、現在の株価が1株当たりの純資産の何倍かを示すもので、PBRが低いほど割安であることを示します。
PBR（株価純資産倍率）＝株価÷1株当たり純資産
QX社のPBR＝910円÷1,375円＝0.66…倍
東証プライム全銘柄のPBRは1.33倍ですので、QX社の方が割安となります。

３．不適切　配当利回りとは、株価に対して年間の配当金で得られる利益の利回りのことです。

配当利回り（％）＝１株当たり配当金÷株価×100

QX 社の配当利回り＝30円÷910円×100＝3.29… ％

東証グロース全銘柄の配当利回りは1.57％ですので、QX 社の方が高利回りと判断できます。

| 問7 | 解答 ▶ **1** | 📖 トリセツテキスト　P202、P210 |

１．不適切　自社株買いとは、株式を発行した会社自身が自己株式を買い戻すことです。会社が株を買い戻すことで市場に出回る株数が減るため、１株当たりの価値が高まる要因となります。

２．適切　配当性向とは、企業の当期純利益のうち配当金に回した割合です。

配当性向＝１株当たり配当額÷１株当たり当期純利益×100（％）

純利益が同額で株主配当金が多ければ、配当性向は高くなります。

３．適切

トリセツテキスト　P215、P220

(ア)　販売手数料＝投資信託の購入額×販売手数料率

　　　　1口1円の投資信託を1,000万口購入する場合に必要な購入金額は、

　　　　1円／口×1,000万口＝1,000万円

　　　　購入時手数料は、1,000万円×1.6％＝16万円

> ほんださん　**サクッ**と**コメント**
>
> 販売手数料がかからない投資信託のことをノーロード投資信託ともいいます。

(イ)　収益分配金支払後の基準価額が個別元本よりも低い場合、分配金は元本払戻金（特別分配金）として非課税となります。

　　　　反対に、収益分配金支払後の基準価額が個別元本よりも高い場合、分配金は普通分配金として課税対象となります。

　　　　9,400円（収益分配金支払前の個別元本）－9,000円（収益分配金支払後の基準価額）＝400円は元本を取り崩されていることとなります。

　　　　すなわち、分配金1,000円のうち400円が元本払戻金（特別分配金）で、残りの600円が普通分配金となります。

トリセツテキスト　P353-355

建築面積の最高限度＝敷地面積×建蔽率で求めることができます。

600㎡×60％＝360㎡

トリセツテキスト　P327、P363、P366

(ア)　相続により不動産を取得した場合、不動産取得税は課税されません。一方、贈与で取得した者には通常どおり課税されます。

（イ） 登録免許税の課税標準は、固定資産税評価額です。

ほんださん サクッとコメント

課税標準とは、税率などをかける基準となる金額のことです。

（ウ） 固定資産税評価額は、3年ごとに見直され、市町村（東京23区は東京都）が決定します。

 問11 ▶ 解答 ▶ **2**  トリセツテキスト　P347

都市計画法に基づく都市計画区域内では、その土地を将来的にどのような地域としたいか、という目的ごとに各区域を定めています。

・市街化区域

既に開発されている市街地やおおむね10年以内に市街化を目指す場所に指定されます。

・市街化調整区域

今後も開発をせずに自然を残していきたいなどの理由で、市街化を抑制すべき場所に指定されます。

・非線引き区域

都市計画区域のうち、市街化区域や市街化調整区域などの具体的指定（線引き）をしない場所です。そのため法律上では、区域区分の定められていない都市計画区域という表現となります。

よって答えは2となります。

ほんださん サクッとコメント

建物を建てて欲しくはない場所である市街化調整区域には、建物の用途を定める用途地域を定める必要がないことがわかるかと思います。

保険証書の読み取りの問題では、ステップに分けて、もらえる保険金を判断することが重要です。

①診断時

特定疾病保障定期保険特約の対象となり、500万円が支払われます。

 ほんださん **サクッ**とコメント

特定（三大）疾病保障特約とは、死亡時以外にも、脳卒中・がん・急性心筋梗塞と診断された際に保険金が支払われる特約のことです。

②入院時

疾病入院特約・成人病入院特約によってそれぞれ給付されます。

各入院特約は入院5日目から支給されるため、4日目までは支給対象外です。本問の場合、14日間入院したため、14日－4日＝10日間が支給対象期間となります。

（5,000円＋5,000円）× 10日＝10万円

③手術時

疾病入院特約によって手術ごとに受け取ることができます。

給付倍率20倍の手術を1回受けた場合、5,000円× 20倍＝10万円

すべてを合計すると、

500万円＋10万円＋10万円＝ **520万円**

問13 解答 ▶ **3**　　　　　　📖 トリセツテキスト　P120-121

2012年1月1日以降に契約した保険は、一般の生命保険料控除・個人年金保険料控除・介護医療保険料控除のそれぞれで上限4万円の控除額となります（3種類をすべて合わせて最大12万円まで）。

所得税の控除限度額	一般の生命保険料控除	個人年金保険料控除	介護医療保険料控除	合計
2012年以降	40,000円	40,000円	40,000円	120,000円

定期保険は一般の生命保険料控除の対象となり、年間支払保険料が58,320円のため、
一般の生命保険料控除額 = 58,320円 × 1 ／ 4 + 20,000円 = 34,580円
がん保険は介護医療保険料控除の対象となり、年間支払保険料が31,200円のため、
介護医療保険料控除額 = 31,200円 × 1 ／ 2 + 10,000円 = 25,600円

生命保険料控除額の合計 = 34,580円 + 25,600円 = 60,180円

問14 解答 ▶ **1**　　　　　　📖 トリセツテキスト　P144-145

1．支払い対象

普通傷害保険は、日常生活でのケガなどを補償する保険です。急激かつ偶然な外来の事故が対象ですので、通勤中の事故による死亡も補償対象となります。

2．支払い対象外

個人賠償責任保険は、日常生活における偶発的な事故による賠償責任を補償する保険です。ただし、自動車の運転中の賠償責任については自動車保険の対象となりますので、個人賠償責任保険では補償対象外となります。

3．支払い対象外

普通傷害保険では、地震や噴火、津波等による損害は補償対象外です。

はじめに退職所得控除額を求めます。勤続年数が38年ですので、20年超の計算式を用います。

800万円 + 70万円 ×（38年 − 20年）= 2,060万円

退職所得の金額 =（支給された退職金 − 退職所得控除額）÷ 2ですので、

（4,500万円 − 2,060万円）÷ 2 = **1,220万円**

まず課税総所得金額を求めます。課税総所得金額 = 総所得金額 − 所得控除額ですが、佐野さんの所得は不動産所得のみですので、

課税総所得金額 = 780万円 − 110万円 = 670万円

所得税の速算表から、課税される所得金額が670万円の場合、税率は20％、控除額は427,500円とわかります。

所得税額 = 670万円 × 20％ − 42.75万円 = **912,500円**

（ア）損益計算書　（イ）55万円

青色申告を行う特典の1つに、青色申告特別控除があります。

55万円の青色申告特別控除を受けるためには、以下の要件を満たす必要があります。

① 不動産所得または事業所得を生ずべき事業を営んでいること。

② 取引を正規の簿記の原則（複式簿記）により記帳していること。

③ 貸借対照表および損益計算書を確定申告書に添付し、その年の確定申告期限（翌年3月15日）までに当該申告書を提出すること。

上記①〜③を行った場合に、最大**55万円**を所得から控除できます。

（ウ）65万円

55万円の青色申告特別控除の要件に加えて、電子帳簿の保存または国税電子申告・納税システム（e-Tax）による電子申告を行っている場合は、控除額が65万円となります。

問18 解答 ▶ **2**　　　📖 トリセツテキスト　P394-395、P397

配偶者は常に法定相続人となり、それ以外の親族は子→直系尊属→兄弟姉妹の順で、先順位者がいないときに法定相続人となります。
本問の法定相続人は、配偶者の康史さんと、父の昭雄さん、母の小百合さんの3人となります。
次に法定相続分ですが、配偶者と直系尊属が相続人のとき、配偶者の相続分は3分の2、直系尊属の相続分は3分の1となります。
康史さんの法定相続・・・2／3
昭雄さん（父）・小百合さん（母）の法定相続分・・・それぞれ1／6ずつ（1／3×1／2）

問19 解答 ▶ **3**　　　📖 トリセツテキスト　P400-401

1．不適切　遺言の撤回をしたい場合、自筆証書遺言や公正証書遺言といった遺言書の形式にかかわらず、新たに作成することで撤回ができます。

ほんださん **サクッ**とコメント
> 遺言で重複する部分があれば、後で作った遺言が優先されるということです。

2．不適切　公正証書遺言では証人2名以上の立会いが必要です。

3．適切　公正証書遺言や法務局に保管した自筆証書遺言は検認不要です。

ほんださん **サクッ**とコメント
> 公正証書遺言は制作した段階でチェックを受けている、と考えるとわかりやすいと思います。なお、法務局保管の自筆証書遺言も検認は不要です。

18歳以上の子・孫が直系尊属から受けた贈与財産は特例贈与財産として扱われます。
したがって本問では、父と祖母両方からの贈与が特例贈与財産となります。
1年間に複数の人から贈与を受けた場合、贈与税は贈与された財産の合計額から基礎控除110万円を控除して計算します。
基礎控除後の課税価格 = 400万円 + 60万円 − 110万円 = 350万円
特例税率の速算表より、
350万円 × 15% − 10万円 = 42.5万円

論点チェック表

苦手な分野と
論点をチェック！

［日本FP協会］実技試験
資産設計提案業務

※配点は各5点となります

問題	分野	論 点	正 解	チェック
1	ライフ	関連法規とコンプライアンス	2	☐
2		キャッシュフロー表の計算	1	☐
3		バランスシートの計算	2	☐
4		係数の計算	2	☐
5		公的年金の遺族給付	3	☐
6	金融	株式投資の指標の計算	2	☐
7		株式投資の基礎知識	1	☐
8		投資信託のコストと分配金の計算	3	☐
9	不動産	建蔽率の計算	1	☐
10		不動産の取得と所有に係る税金	2	☐
11		都市計画法と都市計画区域	2	☐
12	リスク	保険証書の読み取り	2	☐
13		生命保険料控除の計算	3	☐
14		損害保険の補償対象	1	☐
15	タックス	退職所得の計算	3	☐
16		所得税額の計算	1	☐
17		青色申告特別控除	2	☐
18	相続	相続人と法定相続分	2	☐
19		遺言の種類と特徴	3	☐
20		贈与税の計算	1	☐

分野別得点表

ライフ	金融	不動産	リスク	タックス	相続
／25	／15	／15	／15	／15	／15

合格基準点数 **60**／100 あなたの合計得点 ／100

チャレンジ **2**

実技試験

解答＆解説編

[日本FP協会]
資産設計提案業務

では、
解説します！

問1　解答▶ **2**　　　　　📖 トリセツテキスト　P5-6

1．適切　社会保険労務士（社労士）資格のない人でも、公的年金受給見込み額を試算することは問題ありません。なお、社会保険に関する書類の作成や提出の代行は、社労士の資格がない人が行うことはできません。

2．不適切　金融商品取引法の規定による投資助言・代理業の登録を受けていない人が、特定の上場株式の投資判断について有償で助言をすることは、投資助言に該当し、禁止されています。

3．適切　生命保険募集人・保険仲立人、金融サービス仲介業者の登録をしていない人であっても、一般的な保険商品の説明や将来の必要保障額の試算を行うことは問題ありません。なお、保険の販売や募集、保険契約の締結などはできません。

問2　解答▶ **3**　　　　　📖 トリセツテキスト　P10-11

1．（ア）：233　適切

基本生活費は変動率が設定されています。1年間に1％増加する見込みだということです。基準年からみて、1年後には224万円が1％増加して226.24万円（224万円×1.01）と、年々増えます。（ア）は4年後なので次の計算式になります。

224万円×（1＋0.01）^{4}

＝224万円×（1.01×1.01×1.01×1.01）

＝233.0952…　→（万円未満四捨五入）**233万円**

2．（イ）：46　適切

年間収支は、当該年の収入合計から支出合計を差し引いて求められます。20×4年の年間収入合計と支出合計を使用した次の計算式になります。

640万円 − 594万円 = 46万円

3．（ウ）：831　不適切

金融資産残高は、変動率を考慮した前年の金融資産に当該年の年間収支を加算したものです。前年の金融資産は金利などにより変動率1％で増えるだろうという見込みです。20×2年の金融資産残高は次の計算式で算出できます。

823万円 × 1.01 + 40万円 = 871.23　　→（万円未満四捨五入）871万円

問3　　解答▶　**2**　　　　　 トリセツテキスト　1）P219　2）P213　3）P215

1．不適切　正しくは「証券会社等」です。J-REITは、投資証券として証券取引所に上場しています。そのため、証券会社等を通して売買取引をします。

2．適切　一般的な非上場の公募株式投資信託は、基準価額で取引されます。

> 基準価額とは、投資信託の1口または1万口当たりの金額のことで、投資信託に組み込まれている株式や債券などの時価評価をもとに収益やコストを考慮して算出されます。株式やETF・J-REITは上場しているため市場価格で取引されますが、上場していない（非上場）の投資信託は市場価格がないため、基準価額で取引します。

3．不適切　非上場の公募株式投資信託と同様に、ETFやJ-REITを販売している証券会社等により購入時の手数料は異なります。

1．適切　当座預金などの決済用預金は預入額の全額が保護されます。

2．適切　同一銀行の預金口座は、名寄せにより合算され、元金1,000万円までが保護の対象になります。円定期預金800万円＋円普通預金300万円あわせて1,100万円ですが、預金保険制度により保護の対象となるのは1,000万円です。

3．不適切　外貨預金は預金保険制度の保護の対象外です。日本国内の銀行に預けてある外貨預金であっても保護されません。

> 決済用預金とは「無利息」「要求払い（いつでも引き出し可能）」「決済サービス（引き落としに利用できる）」の条件を満たした預金で、当座預金や利息の付かない普通預金などが該当します。

（ア）　第一種低層住居専用地域に小中学校は建築できますが、大学・高等専門学校は建築できません。

（イ）　工業地域に診療所は建築できますが、病院は建築できません。

> FP試験（3級）によく出題される主な用途地域と用途制限は次のとおりです。

	第一種低層住居専用地域	商業地域	工業地域	工業専用地域
住宅、老人ホーム、図書館	○	○	○	×
大学、病院	×	○	×	×
幼稚園、小学校、中学校、高等学校	○	○	×	×
神社、寺院、教会等、保育所等、診療所	○	○	○	○

（ア）「自己発見取引」とは、自身で買い手を見つけて取引をすることです。一般媒介契約と専任媒介契約では、自己発見取引が可能です。

（イ）「依頼者への業務状況報告義務」とは、対象の不動産の問い合わせ状況などを依頼者へ報告する義務です。専任媒介契約の場合は「2週間に1回以上」報告する義務があります。

（ウ）「指定流通機構への登録義務」とは、レインズと呼ばれる指定流通機構へ不動産情報を登録して発信する義務です。専属専任媒介契約の場合、契約の翌日から5営業日以内に登録する義務があります。

LEC先生の
なるほど
講義

媒介契約には以下の3種類があります。違いを押さえておきましょう。

	一般媒介契約	専任媒介契約	専属専任媒介契約
複数業者への重複依頼	可	不可	不可
自己発見取引	可	可	不可
依頼者への業務状況報告義務	なし	2週間に1回以上	1週間に1回以上
指定流通機構への登録義務	なし	契約の翌日から7日以内	契約の翌日から5日以内
契約の有効期間	なし	3カ月以内	3カ月以内

問7 　解答▶ **1**　　　　　　　　　　📖 トリセツテキスト　P366

建物付き土地を購入する場合、土地は消費するものではないため非課税です。建物2,000万円のみ消費税がかかります。

2,000万円×1.1＋3,000万円＝5,200万円

LEC先生の
なるほど
講義

不動産売買と消費税の関係は次のようになっています。

消費税が課税されるもの	建物、仲介手数料など
消費税非課税のもの	土地、登録免許税、不動産取得税など

問8 　解答▶ **3**　　　　　　　　　　📖 トリセツテキスト　P94、P151

正人さんに対して支払われた保険金および給付金は次のとおりです。

【交通事故によるもの】
・入院給付金　10,000円×12日間＝120,000円
・手術給付金　10,000円×10倍　　＝100,000円

【急性心筋梗塞によるもの】
・入院給付金　10,000円×　7日間＝70,000円
・死亡保険金　　　　　　　　1,000,000円

合計で1,290,000円です。

LEC先生の
なるほど
講義

手術給付金は、入院給付金（日額）に倍率を乗じた金額が支給されます。給付倍率は必ず問題文中に指示があるので見つけましょう。

問9 解答 ▶ **2** 　　　📖 トリセツテキスト　P140-141

1．適切　地震保険は単独での契約はできず、火災保険などに上乗せして契約します。地震保険金額は火災保険金額の50％を上限として、セットで契約できます。

2．不適切　地震保険の保険料は、保険会社ごとに異なることはありません。補償内容が同じであれば、どこの保険会社でも保険料は変わりません。

3．適切　地震保険では、地震、噴火、これらが原因による津波の損害が補償の対象になります。

問10 解答 ▶ **3** 　　　📖 トリセツテキスト　P143

1．補償の対象　単独事故による車体損壊の修理費用は、「車両保険」で補償されます。

2．補償の対象　自身が事故によりケガをした場合の治療費は、「人身傷害保険」や「搭乗者傷害保険」で補償されます。過失割合にかかわらず補償されるので、事故の相手が逃走していても保険金が支払われます。

3．補償されない　対物賠償保険で補償されるのは、他人のモノ（自動車、建物、塀、ガードレールなど）に損害を与えた場合です。自宅のブロック塀は対象外のため補償されません。

布施さんの本年分の収入からどの所得に該当するかを確認して、それぞれの所得金額を算出します。

・アルバイト収入→「給与所得」に該当

> 給与所得＝給与収入－給与所得控除額

給与収入が50万円なので、給与所得控除額は55万円です。

50万円－55万円＝▲5万円　→　給与所得0円

給与所得は損益通算できないので、損失（マイナス）は算出しません。

・老齢厚生年金→「雑所得」に該当

> 雑所得（公的年金等）＝公的年金等の金額－公的年金等控除額

老齢厚生年金の収入が280万円なので、公的年金等控除額は110万円です。

280万円－110万円＝170万円　→　雑所得170万円

・総所得金額

給与所得0円＋雑所得170万円＝総所得金額170万円

医療費控除の金額は以下の計算式で求めます。

> 医療費控除額＝（医療費－保険金等で補てんされる金額）
>
> 　　　　　　－（10万円または総所得金額の5％のうちいずれか少ない金額）

○医療費合計

医療費控除は、治療が目的の医療行為に対して支払った金額が対象になります。納税者本人の医療費だけでなく、生計を一にする配偶者や親族のために支払った医療費も対象です。

【大輝さん】

・人間ドック代　8万円　医療費控除の対象外

　健康診断料や人間ドック代は原則として医療費控除の対象となりませんが、検査により重大な疾病が見つかり引き続き治療をする場合は、治療の一環での支払いとして医療費控除の対象になります。

・入院費用　30万円　医療費控除の対象

【妻】

・健康増進目的ビタミン剤購入代　3万円　医療費控除の対象外

　健康増進や病気予防のために支出した金額は医療費控除の対象になりません。

・骨折の治療費　5万円　医療費控除の対象

医療費合計は35万円（30万円＋5万円）です。

〇保険金等で補てんされる金額　6万円

〇10万円または総所得金額の5%のうちいずれか少ない金額

　給与所得800万円×5% ＝ 40万円＞10万円　→10万円

〇医療費控除の金額

　（35万円 − 6万円）− 10万円 ＝ 19万円

 LEC先生の**なるほど講義**

医療費控除の対象になるもの・ならないものをまとめると次のとおりです。

控除対象になるもの	控除対象にならないもの
・診断費、治療費、入院費 ・入院中の食事代 ・治療のための薬代 ・公共交通機関を利用しての通院費 ・治療のための松葉づえ、義手、義足の費用 ・妊娠中・出産後の定検診費用など	・美容目的の治療費 ・予防接種の費用 ・自家用車で通院したときのガソリン代や駐車料金 ・健康増進のためのサプリメントの費用など

ＦＰ試験でよく出てくる色文字のものはしっかり覚えましょう。

| 問13 | 解答 ▶ **2** |

トリセツテキスト　P286、
P289-290

控除対象配偶者や控除対象扶養親族に共通する要件は次のとおりです。

・納税者と生計を一にしている

・配偶者や扶養親族の合計所得金額が48万円以下である

・青色事業専従者、事業専従者ではない

1．不適切　上記要件に加え、戸籍上の妻（内縁関係ではない）であれば控除対象配偶者に該当し、配偶者控除が受けられます。しかし、妻聡美さんの所得は100万円であり48万円を超えているので、控除対象配偶者に該当せず、配偶者控除（38万円）は適用されません。

2．適切　上記要件に加え、年齢が19歳以上23歳未満の扶養親族は特定扶養親族に該当します。幸一さんは21歳で上記要件も満たしていることから、特定扶養親族として63万円の控除が適用されます。

3．不適切　年齢が16歳未満の親族は扶養控除の対象ではありません。したがって、14歳の浩二さんは一般の扶養親族には該当せず、38万円の控除も適用されません。

| 問14 | 解答 ▶ **2** |

トリセツテキスト　P432-433

借地権の相続税評価額は、次の手順で求めます。

① 自用地評価額を求める

路線価評価額（1㎡当たりの評価額）×奥行価格補正率×土地の面積

② ①に借地権割合を乗じる

路線価の後につくアルファベットが借地権割合です。C＝70％だとわかります。

① 210千円×1.0×300㎡＝63,000千円

② 63,000千円×70％＝**44,100千円**

路線価の数字は1㎡当たりの路線価を「千円単位」で表したものです。また、A〜Gのアルファベットは借地権割合を示しています。90％のAから30％のGまで10％刻みの7段階で示しています。

A	90%
B	80%
C	70%
D	60%
E	50%
F	40%
G	30%

本問の場合は路線価「210C」なので、1㎡当たりの路線価は「210千円」、借地権割合は「70％」です。

問15　解答▶ **2**　　　　　　　　　　トリセツテキスト　P422

「贈与税の配偶者控除」は、配偶者に対して居住用財産または居住用財産を取得するための金銭を贈与した場合に使える特例です。

（ア）　贈与税の配偶者控除を受けるためには、配偶者との婚姻期間が20年以上必要です。

（イ）　贈与税の配偶者控除の額は、最高2,000万円です。贈与税の基礎控除110万円との併用も可能で、合わせると2,110万円まで贈与税非課税で贈与できます。

贈与税の配偶者控除は「おしどり贈与」とも呼ばれます。仲のいい夫婦をおしどり夫婦と呼ぶため、婚姻期間20年以上の夫婦しか活用できない当特例と結びついているようです。
仲のいい夫婦（ふうふ）から、語呂合わせで
「20年（ふう）　2,000万円（ふ）」と覚えましょう。
　婚姻期間20年以上　最高2,000万円まで

個人のバランスシートは、家庭の資産と負債のバランスを確認するためのものです。資産合計から負債合計を差し引いて純資産を求めます。

純資産＝資産－負債

【資産】		【負債】	
普通預金	600	住宅ローン（自宅マンション）	320
定期預金	2,000		
財形年金貯蓄	300	負債合計	320
上場株式	450		
生命保険（解約返戻金相当額）	250	【純資産】	（ア）
不動産（自宅マンション）	3,300		
資産合計	6,900	負債・純資産合計	6,900

（ア）　純資産の金額　6,900万円 － 320万円 ＝ **6,580万円**

LEC先生の
なるほど
講義

> バランスシートを用いて純資産の金額を求める問題が毎回出題されています。資産は〈設例〉の「保有財産」のことです。負債は住宅ローンなどの返済を要するものです。
> 「資産－負債」で純資産額が算出できるので、ミスなく丁寧に計算しましょう。

将来の目標額350万円を準備するために、運用しながら毎月いくらずつ積み立てたらよいかを求めるための係数は、「減債基金係数」です。

3,500,000円 × 0.09133 ＝ 319,655円　→（千円未満切上げ）**320,000円**

| 問18 | 解答 ▶ **2** | | 📖 トリセツテキスト　P27、P191 |

1．適切　財形貯蓄制度には「一般財形貯蓄」「財形年金貯蓄」「財形住宅貯蓄」の3種類があります。そのうち、「財形年金貯蓄」と「財形住宅貯蓄」には利子等に対する非課税措置があり、合わせて550万円までの利子等は非課税となり、源泉徴収されません。

2．不適切　財形年金貯蓄は、1人につき1契約しかできません。

3．適切　財形年金貯蓄は、事業主を通じて5年以上の期間、積み立てることが必要です。

LEC先生の
なるほど
講義

> 財形貯蓄制度は、勤労者が給与等から天引きされるしくみで、事業主を通じて積立貯蓄を行うものです。毎月の収入から一定額を先に貯蓄へ回す「先取り貯蓄」のシステムが作れるので、財産形成に活用できます。

| 問19 | 解答 ▶ **1** | | 📖 トリセツテキスト　P54、P59 |

1．不適切　老齢年金は、繰下げ1カ月当たり0.7%増額します。1年当たり8.4%の割合で増額された額になります。

2．適切　老齢基礎年金と老齢厚生年金は、どちらか一方のみを繰り下げて受給できます。

3．適切　例えば、老齢年金を60カ月繰り下げた場合、42.0%（0.7%×60カ月）増額された金額を一生涯受給できます。

LEC先生のなるほど講義

老齢年金の繰上げ受給と繰下げ受給をまとめると、以下のようになります。

繰上げ受給	繰下げ受給
毎月の年金額が減額される	毎月の年金額が増額される
減額率：1カ月当たり0.4%	増額率：1カ月当たり0.7%
付加年金がある場合 同率で減額される	付加年金がある場合 同率で増額される
老齢基礎年金と老齢厚生年金は 同時に繰り上げる	老齢基礎年金と老齢厚生年金は どちらか一方のみ繰り下げられる

繰上げと繰下げの説明が逆になっているひっかけ問題に注意しましょう。

問20　解答▶ **3**　　トリセツテキスト　P40-41

(ア)　公的介護保険は「第1号被保険者」と「第2号被保険者」に区分されます。「第1号被保険者」は65歳以上の人、「第2号被保険者」は40歳以上65歳未満の人です。

(イ)　「第1号被保険者」の介護保険料は、公的年金の受給額が年額18万円以上の場合にはその年金から徴収（特別徴収）されます。年額18万円未満の場合には、納付書で納付（普通徴収）することになります。

(ウ)　介護給付を受けるためには、保険者である市町村または特別区の認定が必要です。心身の状況調査や主治医の意見書などに基づいて「要介護1〜5」「要支援1〜2」と認定された場合には、相当のサービスを受けられます。

論点チェック表

［日本FP協会］実技試験
資産設計提案業務

苦手な分野と
論点をチェック！

※配点は各5点となります

問題	分野	論点	正解	チェック
1	ライフ	FP業務と関連業法	2	☐
2		キャッシュフロー表	3	☐
3	金融	ETFとJ-REIT	2	☐
4		預金保険制度	3	☐
5	不動産	用途地域	2	☐
6		媒介契約	1	☐
7		不動産の消費税込み購入金額	1	☐
8	リスク	保険証券の読み取り	3	☐
9		地震保険	2	☐
10		自動車保険証券の読み取り	3	☐
11	タックス	総所得金額の計算	1	☐
12		医療費控除の計算	1	☐
13		配偶者控除と扶養控除	2	☐
14	相続	借地権の相続税評価額	2	☐
15		贈与税の配偶者控除	2	☐
16	ライフ	バランスシート	3	☐
17		係数の計算	2	☐
18		財形年金貯蓄制度	2	☐
19		老齢年金の繰下げ受給	1	☐
20		公的介護保険制度	3	☐

分野別得点表

ライフ	金融	不動産	リスク	タックス	相続
／35	／10	／15	／15	／15	／10

合格基準点数 **60**／100　あなたの合計得点 ▶ ／100

解答＆解説編

[金財]
個人資産相談業務

さあ、
解説するよ！

第1問

問1 ▶ 解答 ▶ **2** 📖 トリセツテキスト P52-53

老齢基礎年金の受給額は、20歳から60歳までの40年間（480月）のうち保険料を納付した月の割合によって決まります。

老齢基礎年金＝満額の基礎年金（816,000円）×保険料納付済月数／480月

Aさんの保険料納付済期間は、今後の納付予定も含めると283月＋163月＝446月です。

Aさんの老齢基礎年金＝816,000円×｛(283月＋163月)／480月｝

＝816,000円×（446月／480月）

ほんださん **サクッ**と**コメント**

> Aさんには20歳からの34月の未納期間がありますが、未納期間は保険料納付済月数にはカウントされないため、その分満額の老齢基礎年金よりも支給額は少なくなります。

問2 ▶ 解答 ▶ **3** 📖 トリセツテキスト P72

小規模企業共済とは、小さな会社の役員や個人事業主が事業をやめたときに生活するのに必要なお金を用意するための制度です。

①② 掛金は月額1,000円から**7万円**の範囲内（500円単位）で選択でき、全額が小規模企業共済等掛金控除として、所得税の所得控除の対象となります。

ほんださん **サクッ**と**コメント**

> 68,000円は個人型確定拠出型年金（iDeCo）や国民年金基金の掛金の上限です。

③　小規模企業共済の共済金（受け取ったお金）は、一括受取りの場合は退職所得として扱われます。一方、分割受取りの場合は公的年金等の雑所得として扱われます。

問3　解答▶ **2**　　　📖　トリセツテキスト　1)P55、2)P69-70、3)P72

1)　不適切　国民年金の付加年金は月額400円の付加保険料を支払うことで、「200円×付加保険料を納付した月数」の年金額を老齢基礎年金に追加して受け取れます。
付加保険料を120月納付した場合、200円×120月＝**24,000円**が上乗せされます。

2)　適切　国民年金基金は国民年金の第1号被保険者の老齢基礎年金に上乗せ支給するものであるため、1口目は必ず終身年金となります。

ほんださん **サクッ**とコメント

　　2口目以降は、終身年金か確定年金（支給される期間があらかじめ決まっている年金）を選択できます。

3)　不適切　確定拠出年金の個人型（iDeCo）は国民年金基金や付加年金と同時加入できます。一方、国民年金基金と付加年金は同時加入できません。

国民年金に上乗せする年金の同時加入の可否

問4 解答▶ **2**
トリセツテキスト　1）P224、2）P174-175、3）P184-185

1）　不適切 満期時の為替レートが預入時より円高になると、円換算での運用利回りは低下します。

ほんださん **サクッ**とコメント

> 円高というのは、例えば1米ドル＝150円から1米ドル＝120円に下がることです。このような状況で1米ドルを定期預金に預けた場合、預け入れ時には150円必要ですが、返ってくる金額が120円になるため、為替レートの面では損をしていることになります。

2）　適切 外貨預金は、金額の多寡にかかわらず、預金保険制度の保護対象ではありません。

3）　不適切 資料から利率を読み取ると、年率4.0％とありますので、1年間預けた場合は、10,000米ドル×4％＝400米ドルの利息を受け取れます。しかし、設例によると、預入期間は1年ではなく6か月とわかります。よって、今回の定期預金で受け取れる利息額は、半年分の利息である**200米ドル**となります。

問5 解答▶ **1**
トリセツテキスト　P184-185

年利は4.0％ですが、預入期間が6か月であることに注意をしながら、ドルベースで満期時の元利金合計額を求めます。

（元金）10,000米ドル
（利息）10,000米ドル×4％×6/12か月＝200米ドル
（元利金合計）10,000米ドル＋200米ドル＝10,200米ドル

次に、満期時のドルベース元利金合計を円ベースに換算します。外貨を円に換算するため、為替レートは満期時の**TTB**を用います。

10,200米ドル×130.00円＝1,326,000円となります。

問6 解答▶ **1** トリセツテキスト　P226、P279

① 外貨建定期預金の場合でも、預貯金の利子は日本国内の預金に対する利子所得と同様に20.315％の税率で源泉分離課税されます。

② 為替レートの変動により生じた為替差益は、雑所得として総合課税の対象になります。

③ 損益通算の対象は、不動産・事業・山林・譲渡所得の損失のみです。為替差損は雑所得の損失であるため、他の所得と損益通算をすることはできません。

第3問

問7 解答▶ **2** トリセツテキスト　P256、P266

総所得金額とは、総合課税の対象となる各所得を合計した後の金額です。Aさんの本年分の収入は給与収入と不動産所得で、いずれも総合課税の対象です。
不動産所得は100万円とわかっていますが、給与所得が不明なため給与収入から求めます。

給与所得＝給与収入額−給与所得控除額＝820万円−（820万円×10％＋110万円）
＝628万円

したがって、Aさんの総所得金額＝628万円＋100万円＝728万円

① 所得税の配偶者控除は、年間の合計所得額が48万円以下の配偶者であれば適用されます。

ほんださん サクッとコメント

扶養の範囲として「103万円の壁」という表現がされますが、これは給与収入が103万円以下の場合、給与所得控除の55万円を差し引くと48万円以下となり、配偶者控除の範囲になることを示しています。

② 配偶者控除の適用を受ける人（本問ではAさん）の合計所得金額が900万円までの場合、控除額は38万円となります。なお、合計所得金額が1,000万円超の場合、配偶者控除は受けられません。

③ 扶養控除は、16歳以上で生計を同一にする合計所得金額48万円以下（給与収入103万円以下）の親族が適用対象となります。

一般扶養親族の控除額は38万円ですが、19歳以上23歳未満は特定扶養親族となり、控除額は63万円となります。

長男Cさんは25歳の一般扶養親族で控除額が38万円、二男Dさんは20歳の特定扶養親族となり、控除額が63万円となります。したがって、Aさんに適用される扶養控除額は、38万円＋63万円＝101万円です。

一般扶養 38万円	特定扶養 63万円	一般扶養 38万円	老人扶養 同居58万円 別居48万円
16～18	19～22	23～69	70～

1) **適切**　一般的に給与所得者は年末調整が行われるため確定申告が不要ですが、Aさんの不動産所得は100万円ですので確定申告が必要となります。

ほんださん サクッとコメント

給与所得者でも確定申告が必要なケースは、
・給与の年間総額が2,000万円を超える場合
・給与所得や退職所得以外の所得が20万円を超える場合
・給与を2カ所以上から受けている場合
となります。

2) **不適切** ふるさと納税は寄附金控除であり、一定額が所得の金額から差し引かれ
る所得控除となります。所得税の金額から差し引く税額控除ではありま
せん。
また、寄附金控除は寄附した金額から自己負担額の2,000円を差し引い
た額が所得控除の対象となり、全額を控除することはできません。

3) **適切** 所得税の確定申告の期間は、所得が生じた年の翌年2月16日から3月15
日までの間で、申告書の提出先は、住所地の所轄税務署です。

第4問

問10 解答▶ **2** トリセツテキスト ①P353-355、②P357-359

① 建築面積の上限＝土地面積×指定建蔽率で求めることができます。
ただし、その土地が角地であり、さらに防火地域・準防火地域で耐火建築物を建築
する場合、合計20%の建蔽率が緩和されます。
したがって、甲土地の建築面積の上限は、
$900\text{m}^2 \times （60\% + 20\%）= 720\text{m}^2$

② 延べ面積の上限＝敷地面積×容積率で求めることができます。
ただし、前面道路の幅が12m未満の場合は前面道路による容積率の制限を受ける
ことがあります。
甲土地は住居系用途地域のため、前面道路幅員（m）×4／10と指定容積率を比べ
て小さい方が容積率の上限となります。
前面道路による制限6m×4／10＝240% ＜ 指定容積率300%より、甲土地の容
積率240%が上限となります。
したがって、延べ面積の上限＝$900\text{m}^2 \times 240\% = 2,160\text{m}^2$

解答▶ **3** トリセツテキスト　P431-436

① 貸家建付地の評価は、自用地としての評価額から借地権や借家権、賃貸割合の評価分を差し引いた額となります。
貸家建付地の評価額＝自用地評価額×（１－借地権割合×借家権割合×賃貸割合）

② 路線価図のアルファベットは借地権割合を示し、Aの90％から１文字ごとに10％ずつ下がっていきます。したがって、Dは借地権割合が60％の土地であることを示します。

③ 小規模宅地等の特例では、貸付事業用宅地の適用を受けた土地は200㎡までの部分で評価を50％減額することができます。

解答▶ **3** トリセツテキスト　P383-384

1）　**適切**　等価交換方式とは、土地所有者が土地を提供してデベロッパー等が建設資金を負担することでマンション等を建設し、完成後に土地と建物のそれぞれの一部を等価で交換する事業方式です。

2）　**適切**　定期借地権方式とは、土地に定期借地権を設定し、他の人に土地を貸し出すことで毎月の賃料収入を得る有効活用方法です。

3）　**不適切**　建設協力金方式では、入居予定のテナントに建設の一部の資金を協力してもらい、土地所有者が建設した建物をテナントに貸し出す方式です。
貸し出すのは土地ではなく建物であるため、契約期間満了時にテナント側には更地での返還の必要はありません。

第5問

問13　解答▶　**1**　　　📖　トリセツテキスト　1）P400-401、2）P307、3）P416

1）　**不適切**　自宅保管されていた自筆証書遺言や秘密証書遺言は検認が必要ですが、提出先は法務局ではなく家庭裁判所となります。
なお、法務局保管の自筆証書遺言については、公正証書遺言と同様に検認が不要となります。

2）　**適切**　準確定申告とは、本来被相続人が行うべき確定申告を相続する遺族が代わりに行うもので、期限は相続開始後4カ月以内となります。

3）　**適切**

問14　解答▶　**3**　　　📖　トリセツテキスト　①P411、②P409、③P435-436

① 　相続税の基礎控除額＝3,000万円＋法定相続人の数×600万円
Aさんの相続における法定相続人は、配偶者である妻Bさんと長男Cさん、二男Dさんの計3人のため、相続税の基礎控除額＝3,000万円＋3人×600万円＝4,800万円

② 　相続人が受け取った死亡退職金については、生命保険の死亡保険金と同様に「500万円×法定相続人の数」までの金額が非課税となります。
Aさんの法定相続人が3人のため、500万円×3人＝1,500万円までが非課税となります。
したがって、Bさんが受け取った死亡退職金6,000万円のうち、6,000万円－1,500万円＝4,500万円が相続税の課税価格には算入されます。

③ 小規模宅地等の特例では、特定居住用宅地であれば330㎡を上限に80％を減額することができます。

設例によると、自宅の敷地面積が300㎡（＜330㎡）のため、300㎡すべてが80％の減額対象となります。

減額できる金額＝自用地評価額×減額割合＝5,000万円×80％＝4,000万円

したがって、特例適用後の評価額の合計は、評価額合計＝5,000万円－4,000万円

＝1,000万円

問15 解答▶ **1**

トリセツテキスト　P419-421

相続税の総額を求めるときは、

①課税遺産総額をそれぞれ法定相続分に分割したと仮定

②それぞれの分割後の金額に対応する相続税額を算出

③各自の相続税額を合計

のステップで計算を行います。

①Aさんの法定相続人の各法定相続分は、妻Bさんが１／２、長男Cさんと二男Dさんがそれぞれ１／４ずつ（１／２÷２）となります。

課税遺産総額である２億9,000万円をそれぞれ分割すると、

妻Bさんの法定相続分：２億9,000万円×１／２＝１億4,500万円

長男Cさん、二男Dさんの法定相続分：２億9,000万円×１／４＝7,250万円

②各法定相続分の相続税額を速算表に当てはめて計算すると、

妻Bさんの法定相続分の相続税：１億4,500万円×40％－1,700万円＝4,100万円

長男Cさん、二男Dさんの法定相続分の相続税：7,250万円×30％－700万円

＝1,475万円

③各自の相続税の総額は4,100万円＋1,475万円＋1,475万円＝7,050万円

論点チェック表

苦手な分野と
論点をチェック！

［金財］実技試験
個人資産相談業務

大問	問題	分野	論 点	正 解	各点	チェック
第1問	1	ライフ	老齢基礎年金	2	4	☐
	2		小規模企業共済	3	3	☐
	3		付加年金と確定拠出年金	2	3	☐
第2問	4	金融	外貨預金の性質	2	3	☐
	5		外貨預金の計算	1	4	☐
	6		外貨預金の課税関係	1	3	☐
第3問	7	タックス	総所得金額の計算	2	4	☐
	8		所得控除	2	3	☐
	9		確定申告	2	3	☐
第4問	10	不動産	建蔽率と容積率の計算	2	4	☐
	11		宅地の評価	3	3	☐
	12		土地の有効活用	3	3	☐
第5問	13	相続	相続の基礎知識	1	3	☐
	14		課税価格の計算におけるルール	3	3	☐
	15		相続税額の計算	1	4	☐

分野別 得点表	ライフ	金融	タックス	不動産	相続
	／10	／10	／10	／10	／10

合格基準点数 **30**／50 ➡ あなたの合計得点 ／50

解答＆解説編

［金財］
個人資産相談業務

では、解説します！

第1問

問1　解答▶ **3**

📖 トリセツテキスト　P63-64

遺族基礎年金を受給できるのは、死亡した人に生計を維持されていた「子」または「子のある配偶者」です。どちらの場合も「子」に該当するのは、「18歳到達年度末までの子」あるいは「20歳未満の障害等級1級または2級の子」です。

Aさんには「配偶者」と対象となる「子」がいるので、「子のある配偶者」として遺族基礎年金を受給できます。子のある配偶者の遺族基礎年金の額（2024年度価額）は以下のとおりです。

> 816,000円＋子の加算額（第1子・第2子は234,800円、第3子以降は78,300円）

子が2人いるので、子の加算額は2人分です。

> 816,000円＋234,800円＋234,800円＝1,285,600円
> 　　　　　　　　（第1子の分）　　（第2子の分）

LEC先生の
なるほど
講義

> 18歳到達年度末とは、18歳になり最初の年度末（3月31日）のことです。高校卒業までの子がいる間は遺族基礎年金がもらえるというイメージです。

| 問2 | 解答 ▶ **2** |

① 遺族厚生年金の額は、老齢厚生年金の報酬比例部分の額の**4分の3**相当額です。
　※死亡した人が受給予定だった老齢厚生年金の4分の3の金額を遺族が代わりに受け取れるということです。

② 報酬比例部分の計算には、被保険者期間を使用します。この被保険者期間が300月に満たない場合には300月とみなして年金額が計算されます。Aさんの厚生年金保険の被保険者期間は209月ですので、**300月**とみなして計算します。

③ 二男Dさんの18歳到達年度末日が終了すると、遺族基礎年金の受給権が消滅します。遺族基礎年金の受給要件を満たさなくなるからです。その場合、配偶者である妻Bさんには既に支給されている遺族厚生年金に中高齢寡婦加算が加算されます。

 LEC先生の
なるほど
講義

中高齢寡婦加算の受給要件は、妻が次のいずれかに該当することが必要です。

| ア | 子がいない＋夫が死亡したときに40歳以上65歳未満である |
| イ | 子がいる＋遺族基礎年金を受給できなくなった＋40歳以上65歳未満である |

子が18歳到達年度末日を経過すると、遺族基礎年金の受給要件を満たさなくなり、「子のいる配偶者」ではなくなります。末子Dさんが18歳到達年度末を過ぎてから妻が自身の老齢年金を受給する65歳になるまでの間、「中高齢寡婦加算」が支給されるということです。

チャレンジ **2** 実技試験 解答&解説 金財　個人資産相談業務

① 公的介護保険は「第1号被保険者」と「第2号被保険者」に区分されます。「第1号被保険者」は65歳以上の人、「第2号被保険者」は40歳以上65歳未満の人です。

② 第2号被保険者は、特定疾病が原因で介護や支援が必要になった場合に、介護保険の給付を受けられます。特定疾病とは、末期がんや関節リウマチ、初老期における認知症など、介護保険法で定められています。

LEC先生の
なるほど
講義

> 第1号被保険者は、原因を問わず介護や支援が必要になると給付を受けられます。

③ 第2号被保険者が介護給付を受けた場合の自己負担割合は1割です。

LEC先生の
なるほど
講義

> 第1号被保険者の自己負担割合は、原則1割ですが、合計所得金額に応じて2割または3割になることもあります。

問4　解答▶　**3**　　　　　　　　トリセツテキスト　P208、P210

1）　適切　PER（株価収益率）は次の算式で求めます。

> PER（株価収益率）（倍）＝株価÷1株当たりの純利益

1株当たりの純利益　250円（750億円÷3億株）
2,500円÷250円＝10倍
X社株式のPERは10倍なので適切です。

2）　適切　配当利回りは次の算式で求めます。

> 配当利回り（％）＝1株当たりの配当金÷株価×100

1株当たりの配当金　40円（120億円÷3億株）
40円÷2,500円×100＝**1.6％**
X社株式の配当利回りは1.6％なので適切です。

3）　不適切　PER（株価収益率）とPBR（株価純資産倍率）はどちらも**数値が低いほど株価は割安**と判断されます。

LEC先生の
なるほど
講義

> PER・PBR・配当利回りの計算には「1株当たりの○○」を使用します。実技の問題では資料に明示されることは少ないため、「発行済株式数」で除して「1株当たりの○○」を算出しましょう。
>
> > 例：1株当たりの純利益250円
> > 　＝当期純利益750億円 ÷ 発行済株式数3億株

チャレンジ **2** 実技試験　解答＆解説　金財　個人資産相談業務

1)　**不適切**　上場株式を売買したときの受渡しは、原則として約定日（売買成立日）から3営業日目です。

2)　**不適切**　配当金を受け取るためには、権利確定日（本問では配当の権利が確定する決算期末）までに株式の受渡しが完了している必要があります。6月30日（金）に買付約定しても受渡しは約定日から3営業日目（7月4日（火））なので配当金を受け取る権利がありません。本問の場合、6月28日（水）までに買付約定すると6月30日（金）に受渡しが完了し、本年分の期末配当金を受け取れます。

3)　**適切**　譲渡益は株式の売却（譲渡）金額から取得金額を差し引いて求めます。
　　　　　　譲渡益：（3,000円 − 2,500円）× 100株 = 50,000円
　　　　　　上場株式を特定口座（源泉徴収あり）で取引した場合、譲渡益に対して**20.315%** の税率（所得税15%、復興特別所得税0.315%、住民税5%）で源泉徴収されます。

 LEC先生のなるほど講義

6/30が権利確定日の場合、遅くとも6/28までに買付約定が必要です。
問題文で「○営業日目」と記載されている場合は、約定日を1日目と数え、3営業日目が受渡日です。ただし、受渡日から起算して「○営業日前」までに買付が必要…という問題では、2営業日前になります。問題文をよく読んで答えましょう。

火	水	木	金	土
6/27	6/28 約定日	6/29	6/30 受渡日	7/1
	1営業日目	2営業日目	3営業日目	
	2営業日前	1営業日前	受渡日	

1)　**適切**　上場不動産投資信託（J-REIT）は、投資信託として投資家から資金を集め、その資金を投資法人が不動産等に投資して賃貸収入や売却益等の収益を得て、その収益を投資家に分配するしくみです。

LEC先生の
なるほど
講義

> 1）の類似問題で「J-REIT は不動産会社の**株式に投資**をして収益を得る」という問題がありますが、これは不適切なひっかけ問題です。株式に投資をするのではなく、**不動産に投資**をして収益を生み出す投資信託が J-REIT なので注意しましょう。

2)　**不適切**　上場不動産投資信託の分配金は配当所得となります。しかし、確定申告の有無にかかわらず、配当控除の適用は受けられません。

3)　**適切**　上場不動産投資信託は上場株式のルールに準じます。投資信託ですが上場株式と同様に、指値注文や成行注文、信用取引などの取引ができます。

問7　解答▶ **3**

📖 トリセツテキスト　P311-313

① 青色申告特別控除は、正規の簿記の原則に従って記帳を行い、一定の書類とともに確定申告をした場合は、55万円の控除を受けることができます。さらに、「e-Taxによる電子申告」または「電子帳簿保存」をしている場合は、65万円の青色申告特別控除を受けられます。

② 期限を過ぎてから青色申告をした場合の青色申告特別控除額は10万円です。

③ 青色申告により、主に以下の特典を受けられます。
・青色申告特別控除額が適用される
・青色事業専従者給与の必要経費算入
・純損失の3年間の繰越控除
・純損失の繰戻還付
・棚卸資産について低価法による評価

なお、「雑損失」とは、災害等で資産が損失を受けた金額のことで、雑損控除として所得控除が受けられます。その年で雑損失の金額を控除しきれない場合、翌年以降最大3年間にわたり雑損失の繰越控除ができます。雑損失の繰越控除は、青色申告者だけでなく誰でも適用できます。

 LEC先生のなるほど講義

青色申告特別控除額は「65万円」「55万円」「10万円」の3段階があります。「65万円」と「55万円」の要件の違いは「e-Taxによる電子申告または電子帳簿保存」をするかどうかだけです。問題文をよく読み、どの金額かを判断しましょう。

青色申告特別控除額まとめ	65万円	55万円	10万円
正規の簿記の原則にもとづいて作成した貸借対照表・損益計算書を添付	○	○	(簡易帳簿)
申告期限内に申告書を提出	○	○	ー
事業所得または事業的規模の不動産所得	○	○	ー
e-Taxによる電子申告または電子帳簿保存	○	ー	ー

1）**不適切** 青色事業専従者給与の支払いを受けている配偶者は、配偶者控除の対象外です。

2）**適切** 公的年金等に係る雑所得は「公的年金等の収入−公的年金等控除額」で算出します。公的年金等控除額は収入金額に応じて変化しますが、65歳未満は最低でも60万円を控除できます。そのため、年金収入が60万円以下であれば、公的年金等に係る雑所得の金額は算出されません。

LEC先生の
なるほど
講義

> 設例や問題文には公的年金等控除額の最低金額は提示されません。65歳未満と65歳以上に分けてしっかり覚えておきましょう。
>
> 公的年金等控除額の最低金額
> ・65歳未満 → 60万円
> ・65歳以上 → 110万円

3）**不適切** 一時払養老保険の満期保険金の保険差益で源泉分離課税の対象になるのは、保険期間が5年以下の金融類似商品として扱われるものだけです。5年を超える満期保険金の保険差益は、一時所得として総合課税の対象です。

＜Aさんの2024年分の収入等に関する資料＞から総合課税の対象になるのは「事業所得」「一時所得」「雑所得」の3つです。

・事業所得　500万円

既に青色申告特別控除後の所得金額になっているので特別な計算はしません。

・一時所得　0円

一時払養老保険の満期保険金が該当します。

「一時所得＝収入金額－収入を得るために支出した金額－特別控除額（最高50万円）」

212万円－200万円－12万円（特別控除額）＝0円

※特別控除額は、収入金額から支出した金額を差し引いた額が50万円に満たないので、残額の12万円です（"最高"50万円→必ず50万円を控除するということではなく、所得が0円になるのなら、その金額までという意味です）。

・雑所得　0円

特別支給の老齢厚生年金の年金額が該当します。

「公的年金等の雑所得＝収入金額－公的年金等控除額」

50万円－60万円＝▲10万円　→公的年金等の雑所得は0円

65歳未満の公的年金等控除額の最低金額は60万円なので、年金額が60万円以下であれば雑所得は発生しません。

・総所得金額

＜事業所得＞500万円＋＜一時所得＞0円＋＜雑所得＞0円＝**500万円**

LEC先生の
なるほど
講義

総所得金額を求める問題は頻出です。＜設例＞の「収入等に関する資料」から、もれなく収入を抜き出し、一つひとつ所得を計算して合算しましょう。

第4問

問10 　解答 ▶ **3** 　📖 トリセツテキスト ①P353-355 ②P357-368

① 建蔽率の上限となる建築面積は、「敷地面積×建蔽率」で算出します。「指定建蔽率は80%」ですが、「防火地域＋耐火建築物を建築」するので建蔽率100%に緩和されます。

<u>建築面積　300㎡ × 100% = 300㎡</u>

② 容積率の上限となる延べ面積は、「敷地面積×容積率」で算出します。「指定容積率は400%」ですが、前面道路の幅員が12m未満の場合、容積率の制限があります。「指定容積率」と「容積率の制限」のうち低い方が適用されます。

容積率の制限 = 5 m × 6/10 = 3.0 　→300%

指定容積率400% ＞ 容積率の制限300% 　∴ 300%

<u>延べ面積　300㎡ × 300% = 900㎡</u>

問11 　解答 ▶ **1** 　📖 トリセツテキスト P379-380

① 空き家に係る譲渡所得の特別控除の特例を適用すると、譲渡所得から**3,000万円**を控除できます。譲渡（売却）することで得た所得（利益）は、譲渡所得として所得税が課税されます。当特例を適用すると、譲渡所得が低くなり、所得税が抑えられます。

② 当特例の対象となる家屋は、**1981（昭和56）年**5月31日以前に建築された旧耐震基準のものに限られています。なお、マンション等の区分所有建物登記がされているものは含まれません。

③ 当特例の主な要件は次のとおりです。
・譲渡価額が**1億円以下**であること
・2027年12月31日までに行われる譲渡であること
・相続開始日から3年を経過する年の12月31日までに譲渡すること
・区分所有建物でないこと

1）　適切　　Aさんが死亡して相続が発生した場合、Aさんが建築した賃貸マンションは相続財産となり、そのマンション建築のために融資を受けた金額の残高は、債務控除の対象になり、相続財産から控除できます。

2）　適切　　甲土地と乙土地を一体化した場合、幅員10mと幅員5mの2つの道路に接していることになります。この場合、より幅員が広い道路を前面道路とすることができます。

10mの公道を前面道路とする場合、容積率の制限が変わります。

容積率の制限＝10m×6/10＝6.0　→600％

指定容積率400％ ＜ 容積率の制限600％

容積率は上記を比べて低い方、つまり400％になり、乙土地単独で使用したときの容積率300％よりも大きくなります。

3）　不適切　　相続税路線価は「1㎡当たりの評価額（単位：千円）・借地権割合」で示されます。「300C」の300は「300千円」、つまり300,000円（30万円）を表しています。本問では「1㎡当たりの価額が300万円である」としているため、不適切となります。

LEC先生の
なるほど
講義

> 相続税路線価のA〜Gのアルファベットは借地権割合を示しています。借地権や貸宅地などの評価をするときに使用します。本問の場合は「300C」なので借地権割合は70％です。

A	90%
B	80%
C	70%
D	60%
E	50%
F	40%
G	30%

問13　解答▶ **1**　　　　　　　　📖 トリセツテキスト　P426-427、P429

1) **不適切**　住宅資金の贈与の特例では、要件を満たす場合に、1,000万円（または500万円）を上限として贈与税が非課税になります。さらに、110万円（贈与税の基礎控除額）を差し引いても残額がある場合、暦年課税の税率により贈与税が課されます。

2) **適切**　住宅資金の贈与の特例の主な要件は次のとおりです。

・床面積が50㎡以上240㎡以下の住居 ➡ 受贈者の合計所得金額が2,000万円以下であること（ただし、床面積が40㎡以上50㎡未満の場合、受贈者の合計所得金額が1,000万円以下とする）
・店舗や事務所などとの併用住宅の場合、床面積の2分の1以上が居住用であること
・贈与を受けた年の翌年3月31日までに居住を開始していること
・2026年12月31日までの贈与であること

3) **適切**　住宅資金の贈与の特例を受けて、たとえ贈与税額が0（ゼロ）円だったとしても、贈与税の申告が必要です。贈与税の申告期間は翌年の2月1日から3月15日までで、贈与税の申告書とともに、本特例を受けることを記載した書類を提出します。

LEC先生の なるほど 講義

「住宅資金の贈与の特例」では、耐熱性や耐震性等に優れた質の高い住宅の場合、非課税限度額が1,000万円になります。それ以外の一般の住宅の場合は非課税限度額が500万円です。

1)　**適切**　「教育資金の一括贈与の特例」の非課税枠は、受贈者1人につき1,500万円です。学校の入学金や授業料、学用品の購入費、保育料、留学の渡航費などに使用できます。ただし、塾や習い事など学校以外への教育費の支払いは500万円を限度としています。

LEC先生の
なるほど
講義

> 教育資金の一括贈与の特例は受贈者（教育資金をもらう人）1人につき1,500万円です。贈与者1人につき1,500万円ではないので注意しましょう。

2)　**不適切**　教育資金の一括贈与の特例は、父母や祖父母から原則として30歳未満の子や孫に対する贈与に適用されます。子や孫が30歳になったときに残額がある場合は、父母や祖父母からの贈与として贈与税の対象になります。

3)　**不適切**　贈与者が死亡したときに教育資金として一括贈与した金額に残額がある場合、原則として相続税の課税対象になります。死亡により受ける財産とみなされ、贈与税の課税対象にはなりません。ただし、受贈者が以下の場合には相続税の課税対象から外れます。

＜相続税の課税対象から外れる場合＞

・23歳未満である
・学校等に在籍している
・教育訓練給付金の支給対象である教育訓練を受講中である

暦年贈与による贈与税額は次の手順で計算します。

①贈与金額から、贈与税の基礎控除額（110万円）を差し引きます。
　800万円 − 110万円 = 690万円

②＜資料＞贈与税の速算表より、①の金額が該当する税率を確認します。
　Aさんから長男Cさんへの贈与は、特例贈与財産に該当します。
　690万円➡「税率30％・控除額90万円」

③贈与税額を求めます。
　（800万円 − 110万円）× 30％ − 90万円 = 117万円

LEC先生の
なるほど
講義

> 直系尊属（父母、祖父母など）から18歳以上の子や孫などへの贈
> 与財産は特例贈与財産に該当し、特例税率で贈与税の計算ができ
> ます。一般税率よりも特例税率で贈与税額を計算した方が税額を
> 抑えられます。

論点チェック表

苦手な分野と
論点をチェック！

［金財］実技試験
個人資産相談業務

大問	問題	分野	論 点	正 解	各点	チェック
第1問	1	ライフ	遺族基礎年金	3	4	☐
	2		遺族厚生年金	2	3	☐
	3		公的介護保険	3	3	☐
第2問	4	金融	投資指標	3	4	☐
	5		株式購入のアドバイス	3	3	☐
	6		上場不動産投資信託	2	3	☐
第3問	7	タックス	青色申告制度	3	3	☐
	8		所得税の課税	2	3	☐
	9		総所得金額の計算	1	4	☐
第4問	10	不動産	建蔽率と容積率の計算	3	4	☐
	11		不動産の譲渡所得の特例	1	3	☐
	12		土地の有効活用	3	3	☐
第5問	13	相続	贈与税の住宅取得資金の特例	1	3	☐
	14		教育資金の一括贈与の特例	1	3	☐
	15		贈与税額の計算	1	4	☐

分野別得点表	ライフ	金融	タックス	不動産	相続
	／10	／10	／10	／10	／10

合格基準点数 **30**／50　あなたの合計得点 ▶　／50

チャレンジ **1**

実技試験

解答＆解説編

[金財] 保険顧客
資産相談業務

さあ、
解説するよ！

第1問

問1 解答▶ **2** トリセツテキスト　P52-53

老齢基礎年金の受給額は、20歳から60歳までの40年間（480月）のうち保険料を納付した月の割合によって決まります。たとえ20歳以前や60歳以降に厚生年金保険の被保険者期間があった場合でも、老齢基礎年金では計算に加えることはありません。

老齢基礎年金＝満額の基礎年金（816,000円）×保険料納付済月数／480月
Aさんの保険料納付済期間：212月＋239月＝**451月**
Bさんの保険料納付済期間：**480月**（未納期間なし）

よって、それぞれの老齢基礎年金の金額は、
Aさんの年金額＝816,000円×（451月／480月）
Bさんの年金額＝816,000円×（480月／480月）

 ほんださん **サクッ**とコメント

> Aさんには20歳からの29月の未納期間がありますが、未納期間は保険料納付済月数にはカウントされないため、その分、満額の老齢基礎年金よりも支給額は少なくなります。

| 問2 | 解答 ▶ **3** | 📖 トリセツテキスト　P54、P59 |

① 老齢年金は65歳になると請求して受け取れますが、繰下げの申出ができるのは66歳到達以後です。すなわち、6カ月だけ繰り下げるといった選択はできません。

② 支給繰下げをした場合、年金は1カ月当たり0.7％増額されます。
65歳からの年金を5年繰下げて70歳から受給した場合、
繰下げによる増額率＝5年×12月×0.7％＝42％となります。

③ 老齢基礎年金と老齢厚生年金の繰上げは、同時に請求しなければなりません。

ほんださん **サクッ**とコメント

繰下げの申出は別々に行うことができるのもポイントです。

| 問3 | 解答 ▶ **1** | 📖 トリセツテキスト　1) P50、2) P58、3) P56-57 |

1)　**適切**　国民年金の被保険者の保険料納付済期間が40年間（480月）に満たない場合に、60歳以後も国民年金に加入できるしくみが任意加入です。60歳以降も保険料を納付することで、満額に近づけることができます。

2)　**不適切**　65歳から受け取る老齢厚生年金に加給年金が加算されるためには、①厚生年金の被保険者期間が20年以上であること、②65歳未満の配偶者がいることが条件となります。
Aさんの厚生年金の被保険者期間は212月＝17年8カ月で20年未満のため、加給年金の対象とはなりません。

3)　**不適切**　65歳以前から受け取ることができる特別支給の老齢厚生年金は、男性は1961年4月1日以前生まれ、女性は1966年4月1日以前生まれの場合が対象となります。
妻Bさんは1968年8月22日生まれのため、特別支給の老齢厚生年金の受給はできません。

第2問

問4 解答▶ **1** 　　　　　　　　　　📖 トリセツテキスト　P101-102

必要保障額の求め方は、問題の＜算式＞にあるとおりです。＜算式＞に従って支出と収入をそれぞれ求めます。

＜支出＞

1-3. 死亡後の生活費
- ・長男Cさんが独立するまでの生活費
  30万円×70% ×12カ月×22年＝5,544万円
- ・長男Cさん独立後の生活費
  30万円×50% ×12カ月×平均余命32年＝5,760万円

　死亡後の総生活費：5,544万円＋5,760万円＝1億1,304万円

4. 葬儀費用等：500万円

5-6. 教育・結婚資金：1,300万円＋200万円＝1,500万円

　したがって、総支出＝1億1,304万円＋500万円＋1,500万円＝1億3,304万円

　なお、**7.** 住宅ローンは団体信用生命保険の死亡金で弁済されるため、0円です。

＜収入＞

8. 死亡退職金見込額とその他金融資産の合計額：1,800万円

9. 妻Bさんの公的年金総額：7,500万円

　したがって、総収入＝1,800万円＋7,500万円＝9,300万円

　必要保障額＝1億3,304万円－9,300万円＝**4,004万円**

問5 解答▶ **2** 　　　　　　　　　📖 トリセツテキスト　1) P101-102、2) 3) P104-105

1) **適切** 設例の生命保険における死亡保障額は、終身保険特約200万円＋定期保険特約3,000万円＝3,200万円となります。
問4で求めた必要保障額4,004万円を満たしていないため、死亡保障が充実した保険の検討が必要といえます。

2）　**不適切**　死亡時の必要保障額は、子の成長につれて徐々に減少（逓減）していきます。

ほんださん **サクッとコメント**
必要な保障額が期間の経過につれて減る保険を「逓減定期保険」といいます。

3）　**適切**　葬儀費用や教育資金などお金が必要となる期間が限定的で、必要額もある程度予想可能なものは、終身保険や定期保険特約等が適切といえます。一方、遺族の生活費のように長い期間で安定的な収入が求められるものは、収入保障特約等が適切です。

問6　解答▶ **1**　📖 トリセツテキスト　P115-116

1）　**不適切**　三大疾病保障特約やがん保険の免責期間は、通常保険開始日から90日または3カ月となっています。

2）　**適切**　総合医療特約は、不慮の事故や病気等の幅広い要因による入院や手術等を保障する特約です。

3）　**適切**　先進医療特約は、療養時点に厚生労働大臣が承認している先進医療治療を受けたときに給付金が支払われる特約です。

第3問

問7　解答▶ **2**　📖 トリセツテキスト　P267-268

退職所得＝（退職収入－退職所得控除）×1／2となります。
退職所得控除額は以下の計算式で求めます。

勤続年数	退職所得控除額
20年以下	40万円×勤続年数（最低80万円）
20年超	800万円＋70万円×（勤続年数－20年）

勤続年数が30年の退職所得控除額は、

800万円＋70万円×（30年−20年）＝1,500万円

退職金を4,000万円受け取っている場合、

退職所得＝（4,000万円−1,500万円）×1／2＝1,250万円

問8　解答▶ **3**　　　　　　　📖 トリセツテキスト　1）P107、2）P132、3）P127

1）　**適切**

2）　**適切**　　法人が役員にかけた生命保険の契約者や受取人を、法人名義から役員や
　　　　　　　　その遺族に名義変更した場合は、**退職金の一部として支給したこととな**
　　　　　　　　ります。

ほんださん **サクッ**と**コメント**

> 個人に名義変更した後に解約すると、解約返戻金を個人のお金として受け
> 取ることができますので、退職時は退職金という扱いとなります。

3）　**不適切**　　法人は契約者貸付制度により解約返戻金の最大90％まで貸付を受けるこ
　　　　　　　　とが可能ですが、契約者貸付金は、法人にとっては資金の借入なので、雑
　　　　　　　　収入ではなく**借入金として負債に計上します。**

問9　解答▶ **1**　　　　　　　📖 トリセツテキスト　P131-132

本問の生命保険は、死亡保険金受取人＝法人とする終身保険と設定されています。

最終的に法人が保険金を受け取ることができる終身保険は、支払保険料の全額を保険料
積立金として資産計上します。

すなわち、今まで支払っていた保険料の総額である4,400万円は、全額が保険料積立金
となります。

そして、終身保険の解約時には、それまで資産計上していた保険料積立金を取り崩し、
受け取った解約返戻金と保険料積立金等との差額を雑収入（または雑損失）として計上
します。

したがって、受け取った解約返戻金4,600万円 − 4,400万円 = 200万円を雑収入として計上することになります。

第4問

問10	解答 ▶ **1**	トリセツテキスト　P266-268、P272-273

総所得金額とは、総合課税の対象となる各所得を合計した後の金額です。Aさんの収入は給与収入と解約した保険による一時所得で、いずれも総合課税の対象です。

給与所得 = 給与収入額 − 給与所得控除額
　　　　　 = 780万円 − (780万円 × 10% + 110万円) = 592万円
一時所得 = 収入額 − 支出した額(払済保険料) − 特別控除(最大50万円)
　　　　　 (総所得金額に算入される額は、上記式で求められた金額の2分の1)
　　　　　 = 550万円 − 500万円 − 特別控除
　　　　　 = 50万円 − 特別控除50万円 = 0円
したがって、総所得金額 = 592万円 + 0円 = 592万円

問11	解答 ▶ **2**	トリセツテキスト　1) P272、2) P286、3) P289-290

1) **不適切**　保険の解約による解約返戻金は、一時所得として総合課税の対象となります。

 ほんださん **サクッとコメント**

満期保険金や解約返戻金などで源泉分離課税の対象となるのは、保険期間が5年以下、または5年以内に解約等の要件を満たす金融類似商品に該当する場合です。《設例》より本保険は2016年に契約しているので、契約から5年を超えて解約をしているため金融類似商品には該当しません。

2) **適切**　所得税の配偶者控除は、年間の合計所得金額が48万円以下の配偶者に適用されます。妻の給与収入は90万円であるため、給与所得控除額の55万円を差し引いた合計所得金額が35万円となり、38万円の配偶者控除を受けられます。

扶養の範囲として「103万円の壁」という表現がされますが、これは給与収入が103万円以下の場合、給与所得控除の55万円を差し引くと48万円以下となり、配偶者控除の範囲になることを示しています。

3） 不適切 生計を同一にする合計所得金額48万円以下の16歳以上の親族がいる場合、一般扶養親族の控除額は38万円です。19歳以上23歳未満の扶養親族は特定扶養親族となり、扶養控除の額は63万円となりますが、長女Cさんは16歳のため該当しません。

一般扶養 38万円	特定扶養 63万円	一般扶養 38万円	老人扶養 同居58万円 別居48万円
16～18歳	19～22歳	23～69歳	70歳～

問12 解答▶ **1** 📖 トリセツテキスト　①②P303-304、③P306

① 住宅借入金等特別控除（住宅ローン控除）の控除額は、住宅ローンの年末残高×0.7%で求めます。

② 住宅借入金等特別控除（住宅ローン控除）の控除期間は、取得する住宅が新築であれば最長で13年、中古であれば10年です。

③ 所得税の確定申告書は、納税者の住所地を管轄する税務署長に提出します。

| 問13 | 解答▶ **3** | 📖 トリセツテキスト　1）P429、2）3）P424 |

1)　**不適切**　贈与税の申告義務は、贈与したAさんではなく受け取ったCさんにあります。贈与を受けた年の翌年の2月1日から3月15日までに、Cさんが自身の住所地を管轄する税務署に申告書を提出する必要があります。

2)　**不適切**　相続時精算課税において贈与税が課されない上限額は、3,000万円ではなく2,500万円となります。2,500万円を超えた分は一律20%の贈与税がかかります。

3)　**適切**　相続時精算課税を一度選択すると、その後は同じ贈与者からの贈与については、すべて相続時精算課税が適用されます。

| 問14 | 解答▶ **3** | 📖 トリセツテキスト　1）P435、2）P400-401、3）P409 |

1)　**不適切**　小規模宅地等の特例では、特定居住用宅地であれば330㎡を上限に80%を減額することができます。

設例によると、自宅の敷地面積が300㎡（＜330㎡）のため、300㎡すべてが80%の減額対象となります。

減額できる金額＝自用地評価額×減額割合＝7,000万円×80%＝5,600万円

したがって、特例適用後の評価額の合計は、

評価額合計＝7,000万円－5,600万円＝1,400万円

2)　**不適切**　2019年1月より、自筆証書遺言の財産目録についてはパソコン作成や代筆、通帳のコピー添付も可能となっていますが、遺言の全文、日付および氏名については自書する必要があります。

3)　**適切**　相続人が受け取った死亡保険金については「500万円×法定相続人の数」の金額までが非課税となります。

相続税の総額を求めるときは、

①課税遺産総額をそれぞれ法定相続分に分割したと仮定

②それぞれの分割後の金額に対応する相続税額を算出

③各自の相続税額を合計

のステップで計算を行います。

①Aさんの法定相続人の各法定相続分は、妻Bさんが**1／2**、長女Cさんと長男Dさんがそれぞれ**1／4**ずつ（1／2÷2）となります。

　課税遺産総額である9,000万円をそれぞれ分割すると、

　妻Bさんの法定相続分：9,000万円×1／2＝4,500万円

　長女Cさんと長男Dさんの法定相続分：9,000万円×1／4＝2,250万円

②各法定相続分の相続税額を速算表に当てはめて計算すると、

　妻Bさんの法定相続分の相続税：4,500万円×20％－200万円＝700万円

　長女Cさんと長男Dさんの法定相続分の相続税：2,250万円×15％－50万円

　　　　　　　　　　　　　　　　　　　　　　　　＝287.5万円

③各自の相続税の総額は700万円＋287.5万円＋287.5万円＝**1,275万円**

論点チェック表

［金財］実技試験
保険顧客資産相談業務

大問	問題	分野	論 点	正 解	各点	チェック
第1問	1	ライフ	老齢基礎年金	2	4	☐
	2		繰上げ支給と繰下げ支給	3	3	☐
	3		老齢給付	1	3	☐
第2問	4	リスク（個人）	必要保障額の計算	1	3	☐
	5		生命保険の見直し	2	4	☐
	6		第三分野の保険	1	3	☐
第3問	7	リスク（法人）	退職所得の計算	2	3	☐
	8		法人の生命保険商品	3	3	☐
	9		法人の生命保険の経理処理	1	4	☐
第4問	10	タックス	総所得金額の計算	1	4	☐
	11		所得税の課税	2	3	☐
	12		住宅借入金等特別控除	1	3	☐
第5問	13	相続	贈与税の基礎知識	3	3	☐
	14		相続税の基礎知識	3	3	☐
	15		相続税額の計算	2	4	☐

分野別得点表	ライフ	リスク	タックス	相続
	/10	/20	/10	/10

合格基準点数 **30**/50 → あなたの合計得点  /50

［金財］保険顧客 資産相談業務

では、解説します！

第1問

 問1　　解答 ▶ **2**

　トリセツテキスト　P63-64

遺族基礎年金を受給できるのは、死亡した人に生計を維持されていた「子」または「子のある配偶者」です。どちらの場合も「子」に該当するのは、「18歳到達年度末までの子」または「20歳未満の障害等級1級または2級の子」です。

Aさんには「配偶者」と対象となる「子」がいるので、「子のある配偶者」として遺族基礎年金を受給します。子のある配偶者の遺族基礎年金の額は以下のとおりです。

> 816,000円＋子の加算額（第1子・第2子は234,800円、第3子以降は78,300円）

子が1人いるので、子の加算額は1人分です。

> 816,000円＋234,800円 = **1,050,800円**
> 　　　　　（第1子の分）

 LEC先生の なるほど 講義

> 18歳到達年度末とは、18歳になり最初の年度末（3月31日）のことです。高校卒業までの子がいる間は遺族基礎年金がもらえるというイメージです。

① 遺族厚生年金の額は、老齢厚生年金の報酬比例部分の額の **4分の3**相当額です。
　※死亡した人が受給予定だった老齢厚生年金の4分の3の金額を遺族が代わりに
　　受け取れるということです。

② 報酬比例部分の計算には、被保険者期間を使用します。この被保険者期間が300月
　に満たない場合には300月とみなして年金額が計算されます。Aさんの厚生年金
　保険の被保険者期間は157月ですので、**300月**とみなして計算します。

③ 長男Cさんの18歳到達年度末日が終了すると、遺族基礎年金の受給権が消滅しま
　す。遺族基礎年金の受給要件を満たさなくなるからです。その場合、配偶者である
　妻Bさんには既に支給されている遺族厚生年金に中高齢寡婦加算が加算されます。

LEC先生の
**なるほど
講義**

> 中高齢寡婦加算の受給要件は、妻が次のいずれかに該当すること
> が必要です。
>
> | ア | 子がいない＋夫が死亡したときに40歳以上65歳未満である |
> |---|---|
> | イ | 子がいる＋遺族基礎年金を受給できなくなった＋40歳以上 65歳未満である |
>
> 子が18歳到達年度末日を経過すると、遺族基礎年金の受給要件
> を満たさなくなり、「子のいる配偶者」ではなくなります。子C
> さんが18歳到達年度末を過ぎてから妻が自身の老齢年金を受給
> する65歳になるまでの間、「中高齢寡婦加算」が支給されるとい
> うことです。

チャレンジ **2** 実技試験　解答&解説　金財　保険顧客資産相談業務

1)　適切　遺族基礎年金と遺族厚生年金は、原則として、偶数月（2月、4月、6月、8月、10月、12月）の15日に、**受取月の前2カ月分**が支給されます。

> LEC先生の
> **なるほど**
> **講義**

> 受取月の前2カ月分とは、例えば、6月に受け取るのは「4月・5月の2カ月分」ということです。

2)　不適切　遺族基礎年金と遺族厚生年金は、非課税所得です。

> LEC先生の
> **なるほど**
> **講義**

> 公的な年金は、所得税の課税対象になるものと非課税のものがあります。
>
> | 老齢年金 | 雑所得として所得税の課税対象になる |
> | --- | --- |
> | 遺族年金 | 非課税 |
> | 障害年金 | 非課税 |
>
> 遺族年金と障害年金は、老齢年金のように所得税を源泉徴収されません。

3)　不適切　遺族厚生年金の受給要件に、配偶者の収入は関係ありません。そのため、妻Bさんの収入が増えたからといって、遺族厚生年金の一部または全部が支給停止されることはありません。

第2問

① 第2号被保険者は、特定疾病が原因で介護や支援が必要になった場合に、介護保険の給付を受けられます。特定疾病とは、末期がんや関節リウマチ、初老期における認知症など、介護保険法で定められています。

LEC先生の
**なるほど
講義**

> 第1号被保険者は、原因を問わず介護や支援が必要になると給付を受けられます。

② 第2号被保険者が介護給付を受けた場合の自己負担割合は1割です。

LEC先生の
**なるほど
講義**

> 第1号被保険者の自己負担割合は、原則1割ですが、合計所得金額に応じて2割または3割になることもあります。

③ 1カ月に介護サービスの利用負担額が一定上限額を超えた場合、高額介護サービス費として払い戻しを受けることができます。高額療養費は医療費の利用負担分が一定額を超えた場合の給付で、健康保険から支給されるものです。

解答▶ **1**   📖 トリセツテキスト 1）P152 2）P86 3）P112-113

1）　適切　介護に関する生命保険に加入することで、将来、要介護状態になったときの収入減少に備えられます。

2）　不適切　平均寿命の数値の男性・女性が逆になっています。男性よりも女性の方が平均寿命が長いため、長生きリスク（長生きすることで生活資金が多く必要になること）が高くなります。

3）　不適切　個人年金保険の年金受給が開始する前に死亡した場合、それまで払い込んだ保険料を基準とした額を死亡保険金として受け取れます。

> Aさんが提案を受けている個人年金保険は「10年確定年金」なので、年金受給が開始してから死亡した場合には、その後の年金を後継年金受取人が受け取れます。

問6 解答▶ **2**   📖 トリセツテキスト 1）P121 2）P274 3）P126

1）　不適切　生命保険料控除の適用限度額は、所得税40,000円、住民税28,000円です（介護保険は介護医療保険料控除の対象、個人年金保険料は個人年金保険料の対象という記述は間違いありません）。

> 生命保険料控除は3つに区分して計算します。2012年1月1日以降、生命保険契約の控除適用限度額は以下の表のとおりです。
>
> | | 所得税 | 住民税 |
> |---|---|---|
> | 一般の生命保険料控除
（定期保険、終身保険など） | 40,000円 | 28,000円 |
> | 個人年金保険料控除（個人年金保険） | 40,000円 | 28,000円 |
> | 介護医療保険料控除
（医療保険、介護保険など） | 40,000円 | 28,000円 |

2） **適切** 個人年金保険を年金形式で受け取った場合、雑所得として所得税の課税対象になります。

3） **不適切** 介護保険の給付金など、被保険者の病気やケガに基因して支払われる給付金は非課税です。その他、医療保険の入院給付金や手術給付金なども非課税です。

第3問

| 問7 | 解答 ▶ **1** | トリセツテキスト　P267-268 |

退職所得の金額は次の手順で求めます。

① 退職所得控除額を算出

> 退職所得控除額（勤続年数20年超の場合）＝800万円＋70万円×（勤続年数－20年）

800万円＋70万円×（25年－20年）＝1,150万円

② ①を使用して退職所得を算出

> 退職所得＝（退職収入－退職所得控除額）×1/2

（4,000万円－1,150万円）×1/2＝1,425万円

LEC先生の
なるほど
講義

退職所得控除額の計算は、勤続年数「20年以下」と「20年超」で異なります。また、勤続年数が1年に満たない場合には切り上げて1年とします。
（例：勤続年数25年3カ月→26年として計算する）

退職所得控除額

勤続年数20年以下	40万円×勤続年数
勤続年数20年超	800万円＋70万円×（勤続年数－20年）

1）　**不適切**　長期平準定期保険は、長期にわたって死亡保険金が平準（一定）な保険です。解約返戻金は徐々に増えていきますが、ピークを過ぎると徐々に減少していき、満期時には解約返戻金は0円になる特徴があります。本問のように解約返戻金額が保険期間満了直前にピークを迎えることはありません。

2）　**不適切**　＜資料１＞より、65歳時の払込保険料累計額は5,750万円だとわかります。2019年以前に契約した長期平準定期保険の保険料は、保険契約開始から6割までの期間は、2分の1を損金計上、残りの2分の1を資産に計上します（①）。したがって、65歳時点では、2,875万円（5,750万円×1/2）が「前払保険料」などの資産として計上されており、解約返戻金を受け取ったときの経理処理は②のようになります。**資産計上した金額と解約返戻金額の差額は、雑収入（収益）として経理処理します。**

①　※保険料の金額が不明のため保険料100万円と仮定

借　方	金　額	貸　方	金　額
前払保険料	50万円	現金預金	100万円
支払保険料	50万円		

②

借　方	金　額	貸　方	金　額
現金預金	4,950万円	前払保険料	2,875万円
		雑収入	2,075万円

3）　**適切**　＜資料２＞の定期保険は「無解約返戻金型」、つまりキャッシュバリュー（解約返戻金）がない保険です。社長のAさんが死亡・高度障害に該当した場合や、特定疾病と診断された、または特定疾病の所定の状態に該当した場合に、会社に対して保険金が支払われるため、事業を継続させるための当面の資金として活用できます。

問9 　解答 ▶ **1** 　　　　　　　　　📖 トリセツテキスト　P128

定期保険は、保険料払込金額が全額損金になります。したがって、全額を定期保険料として損金としている1）が適切な経理処理です。

第4問

問10 　解答 ▶ **3** 　　　　　　　　　📖 トリセツテキスト　P311-313

① 青色申告特別控除額は、最高65万円です。正規の簿記の原則に従って記帳を行い、一定の書類とともに確定申告をした場合は、55万円の控除を受けることができます。さらに、「e-Tax による電子申告」または「電子帳簿保存」をしている場合は、65万円の青色申告特別控除を受けられます。

② 期限を過ぎてから青色申告をした場合の青色申告特別控除額は10万円です。

③ 青色申告により、主に以下の特典を受けられます。

> ・青色申告特別控除額が適用される
> ・青色事業専従者給与の必要経費算入
> ・純損失の3年間の繰越控除
> ・純損失の繰戻還付
> ・棚卸資産について低価法による評価

LEC先生の
なるほど
講義

> 青色申告特別控除額は「65万円」「55万円」「10万円」の3段階があります。「65万円」と「55万円」の要件の違いは「e-Tax による電子申告または電子帳簿保存」をするかどうかだけです。問題文をよく読み、どの金額かを判断しましょう。
>
> | 青色申告特別控除額まとめ | 65万円 | 55万円 | 10万円 |
> |---|---|---|---|
> | 正規の簿記の原則にもとづいて作成した貸借対照表・損益計算書を添付 | ○ | ○ | (簡易帳簿) |
> | 申告期限内に申告書を提出 | ○ | ○ | ― |
> | 事業所得または事業的規模の不動産所得 | ○ | ○ | ― |
> | e-Tax による電子申告または電子帳簿保存 | ○ | ― | ― |

1）　適切　　青色事業専従者として給与収入を得ている配偶者については、配偶者控除を受けられません。

> 配偶者が青色事業専従者だと配偶者控除（最高38万円）は受けられません。しかし、事業所得を算出するにあたり、青色事業専従者給与として必要経費に算入できるため、所得金額を減らすことができます。

2）　適切　　特定扶養親族は、19歳以上23歳未満で合計所得金額が48万円以下の扶養親族が該当します。長女Cさんは21歳で、合計所得金額は48万円以下（給与収入90万円 − 給与所得控除額55万円 = 35万円）です。特定扶養親族に該当するため63万円の扶養控除の適用を受けられます。

3）　不適切　　控除対象扶養親族とは、16歳以上で合計所得金額が48万円以下の扶養親族のことです。二女Dさんは17歳で合計所得金額48万円以下（収入なしなので所得0円）なので、一般の扶養親族として38万円の扶養控除の適用を受けられます。

> 扶養控除の対象になる控除対象扶養親族の要件と控除額は次のとおりです。
> ・納税者本人と生計を一にしている16歳以上の親族
> ・合計所得金額が48万円以下であること
> ・青色事業専従者、事業専従者でないこと
>
> 〈扶養控除の控除額〉
>
> | 一般の扶養親族 | | 38万円 |
> |---|---|---|
> | 特定扶養親族 | | 63万円 |
> | 老人扶養親族 | （同居している場合） | 58万円 |
> | | （同居以外の場合） | 48万円 |
>
> 扶養控除額は、＜設例＞の「家族に関する資料」より、年齢と所得金額（または収入金額）をよくチェックして判断しましょう。

＜Ａさんの本年分の収入等に関する資料＞から総合課税の対象になるのは「事業所得」「一時所得」の２つです。

・事業所得　450万円

既に青色申告特別控除後の所得金額になっているので特別な計算はしません。

・一時所得　0円

終身保険の解約返戻金が該当します。

「一時所得＝収入金額－収入を得るために支出した金額－特別控除額（最高50万円）」

240万円－270万円＝▲30万円　→　一時所得は0円

※収入金額から支出した金額を差し引いた額がマイナスになったので、一時所得は0円となります。一時所得の損失は損益通算できないので、マイナスのまま残すことはありません。また、特別控除額を控除する前の段階で既に所得がないので、特別控除額も使用しません。

・総所得金額

〈事業所得〉450万円 ＋ 〈一時所得〉0円 ＝ **450万円**

LEC先生の
なるほど
講義

　総所得金額を求める問題は頻出です。＜設例＞の「収入等に関する資料」から、もれなく収入を抜き出し、一つひとつ所得を計算して合算しましょう。

問13　解答▶ **3**

トリセツテキスト　①P397　②P411　③P416

① Aさんの法定相続人は「妻Bさん」「長女Cさん」「二女Dさん」「孫Fさん」「孫Gさん」の5人です。

Aさんには第一順位の子がいるので、配偶者の法定相続分は2分の1、残りの2分の1を子で分けます。孫のFさんとGさんは長男Eさんの代襲相続なので、長男Eさんの法定相続分をさらに2人で分けます。

妻Bさん	1/2
長女Cさん	1/2×1/3＝1/6
二女Dさん	1/2×1/3＝1/6
孫Fさん	1/2×1/3×1/2＝1/12
孫Gさん	1/2×1/3×1/2＝1/12

② 相続税の遺産に係る基礎控除額は次の計算式で求めます。

3,000万円＋600万円×法定相続人の数

①より法定相続人は5人です。

3,000万円＋600万円×5人＝**6,000万円**

③ 相続税の申告書の提出期限は、相続開始日の翌日から**10カ月以内**です。

LEC先生の
なるほど
講義

相続にかかわる申告期限でよく出題されるものは以下の3つです。

相続放棄、限定承認の申述	3カ月以内
準確定申告	4カ月以内
相続税の申告、納税	10カ月以内

しっかり覚えましょう。

1）　適切　自筆証書遺言を自宅で発見した場合は、開封せずに、遅滞なく家庭裁判所で検認を請求しなければなりません。検認とは、遺言書の存在や内容を明確にするもので、遺言書の改ざんや破棄などを防止するための手続きです。

LEC先生の
なるほど
講義

> 遺言書には3つの種類があり、検認が必要なのは「自筆証書遺言」と「秘密証書遺言」です。
>
> | 自筆証書遺言 | 秘密証書遺言 | 公正証書遺言 |
> | --- | --- | --- |
> | 検認必要※ | 検認必要 | 検認不要 |
>
> ※自筆証書遺言書保管制度を利用した遺言書は検認が必要ありません。自筆証書遺言書保管制度では、法務局に遺言書を預けるときにデータ化し、原本を保管します。そのため、相続開始後にあらためて内容等を確認する必要がないのです。

2）　適切　「配偶者に対する相続税額の軽減」を適用すると、以下のアとイのうち多い金額まで配偶者の相続税額は算出されません。

ア　相続税課税価格×配偶者の法定相続分 イ　1億6,000万円	いずれか多い金額まで 相続税がかからない

3）　不適切　代襲相続により法定相続人となった孫は、2割加算の対象外です。被相続人Aの子である長男Eさんがもらうはずだった財産を代わりに孫のFさんとGさんが相続するためです。なお、代襲相続人ではない孫や被相続人の養子となった孫は、2割加算の対象です。

相続税額は、課税遺産総額（3億円）を法定相続分で分割したと仮定して、次の手順で計算します。

① 遺産総額を法定相続分で分割したと仮定して、各相続人の遺産分割額を算出する

② 各相続人の遺産分割額をもとに相続税の速算表を使用して税額を算出する

法定相続分	①遺産総額×法定相続分（3億円×法定相続分）	②税率と控除額（相続税の速算表より）	③各相続人の相続税額（①×税率－控除額）
妻Bさん（1/2）	1億5,000万円	40%・1,700万円	4,300万円
長女Cさん（1/6）	5,000万円	20%・200万円	800万円
二女Dさん（1/6）	5,000万円	20%・200万円	800万円
孫Fさん（1/12）	2,500万円	15%・50万円	325万円
孫Gさん（1/12）	2,500万円	15%・50万円	325万円

相続税の総額　6,550万円

妻Bさんを例にとって計算すると以下のようになります。

① 3億円×1/2＝1億5,000万円

② 1億5,000万円が該当する「税率と控除額」を＜資料＞の「相続税の速算表」で確認する

「税率と控除額」→ 40%・1,700万円

③ ①をもとに相続税額を計算する　1億5,000万円×40%－1,700万円＝4,300万円

LEC先生の
なるほど
講義

> 計算するときには、解答に単位を合わせるとミスを軽減できます。相続の計算問題は単位が大きいことが多いので、3億円を「300,000,000」と入力する段階で「0」を1つ忘れたり多かったりといったミスがありがちです。
> 本問の解答の単位は「万円」です。「3億円」を「30,000万円」と読み替え、電卓には30,000×1/2・・・と打ち込んで計算していきましょう。そうすることで数字の入力ミスや桁の読み違えミスを極力減らせます。

チャレンジ2
論点チェック表

苦手な分野と
論点をチェック！

［金財］実技試験
保険顧客資産相談業務

大問	問題	分野	論点	正解	各点	チェック
第1問	1	ライフ	遺族基礎年金	2	4	☐
	2		遺族厚生年金	3	3	☐
	3		遺族給付	1	3	☐
第2問	4	リスク（個人）	公的介護保険	2	4	☐
	5		生命保険の保障内容等	1	3	☐
	6		生命保険の課税関係	2	3	☐
第3問	7	リスク（法人）	退職所得の金額の計算	1	3	☐
	8		定期保険	3	3	☐
	9		定期保険の経理処理	1	4	☐
第4問	10	タックス	青色申告制度	3	3	☐
	11		所得税の所得控除	3	3	☐
	12		総所得金額の計算	2	4	☐
第5問	13	相続	相続税の基礎知識	3	3	☐
	14		相続税の基礎知識	3	3	☐
	15		相続税額の計算	1	4	☐

分野別得点表	ライフ	リスク	タックス	相続
	／10	／20	／10	／10

合格基準点数 **30**／50 → あなたの合計得点 ／50

141

MEMO

MEMO

過去問題の掲載（引用）について
過去問題は、概ね実際に出題された試験の問題の通りに掲載していますが、年度表記や法改正などの必要な改訂を行っておりますので、試験実施団体から公開されている試験問題とは記述が異なる場合があります。
一般社団法人金融財政事情研究会　ファイナンシャル・プランニング技能検定
3級FP技能検定実技試験（個人資産相談業務、保険顧客資産相談業務）
平成29年9月許諾番号 1709K000001

FP3級 合格のトリセツ 過去問厳選模試 2024-25年版

2023年8月15日　第1版　第1刷発行
2024年6月20日　第2版　第1刷発行

編著者●株式会社　東京リーガルマインド
　　　　LEC FP試験対策研究会
特別監修・執筆●ほんださんFP（本多 遼太朗）

発行所●株式会社　東京リーガルマインド
　　　　〒164-0001　東京都中野区中野4-11-10
　　　　アーバンネット中野ビル

LECコールセンター　📞 0570-064-464
受付時間　平日9：30～20：00／土・祝10：00～19：00／日10：00～18：00
※このナビダイヤルは通話料お客様ご負担となります。

書店様専用受注センター　TEL 048-999-7581 ／ FAX 048-999-7591
受付時間　平日9：00～17：00／土・日・祝休み

www.lec-jp.com/

印刷・製本●情報印刷株式会社

3・2級FPコース・講座 ご案内

LECのお勧めカリキュラム！

3・2級FP・AFP合格コース

3・2級FP・AFP対策パック
全42回【105.5時間】
通学／通信

ゼロから初めて実戦力まで習得！
3級・2級FPを取得するカリキュラム

3級FPスピード 合格講座
全12回【30時間】
通信
IN PUT

2級FP・AFP 養成講座
全21回【52.5時間】
通学／通信
IN PUT

2級FP 重点マスター講座
全8回【19.5時間】
通信
OUT PUT

2級FP 公開模擬試験
全1回【210分】
会場受験／自宅受験
公開模試

2級FP技能検定

★日本FP協会のAFP認定研修

2級FP・AFP合格コース

2級FP・AFP対策パック
全30回【75.5時間】
通学／通信

2級の基礎知識をバランス良く習得！
しっかりと合格を目指すカリキュラム

2級FP・AFP 養成講座
全21回【52.5時間】
通学／通信
IN PUT

2級FP 重点マスター講座
全8回【19.5時間】
通信
OUT PUT

2級FP 公開模擬試験
全1回【210分】
会場受験／自宅受験
公開模試

2級FP技能検定

★日本FP協会のAFP認定研修

3級FP合格コース

3級FP合格パック
全13回【33時間】
通信

FPの基礎力を学習！
3級のFP合格を目指すカリキュラム

3級FPスピード 合格講座
全12回【30時間】
通信
IN PUT

3級FP 公開模擬試験
全1回【計180分】
自宅受験
公開模試

3級FP技能検定

各種講座のご案内

インプット講座 　通信
3級FPスピード合格講座
全12回／計30時間

FPの基礎知識を身につける

初めて学習する方も、わかりやすい講義とテキストで、無理なく合格レベルに到達することを目標とする講座です。

※実技試験は日本FP協会実施の「資産設計提案業務」、金融財政事情研究会実施の「個人資産相談業務」に対応しています。

公開模試 　通信
3級FP公開模擬試験
全1回／3時間

厳選問題で本試験をシミュレーション！

試験前に欠かせない！学習到達度をチェックするための模擬試験です。

※採点、成績表の発行、および、解説講義はございません。

インプット講座 　通学/通信
2級FP・AFP養成講座
全21回／52.5時間

基礎知識をバランスよく習得！

出題が広範囲にわたる2級FP（AFP）の知識を、ムダなくバランス良く習得できるLECのメイン・インプット講座です。

※本講座は日本FP協会のAFP認定研修です。

アウトプット講座 　通信
2級FP重点マスター講座
全8回／19.5時間

アウトプット対策の決定版！

徹底した過去問分析に基づいた問題演習を行います。アウトプット対策はこれで万全です！

公開模試 　通学/通信
2級FP公開模擬試験
全1回／3.5時間

本試験と同レベル問題で実力をチェック！

厳選した問題で本試験シミュレーション＆実力診断を！（学科または実技のみの受験申込可能）

※解説講義はございません。

2級FP技能士取得者向け　AFP認定研修講座 全2回（1講義：2.5時間）

2級または1級FP技能士取得者を対象に日本FP協会のAFP認定研修に特化した通信講座です。本講座を受講・修了することで、AFP資格を取得することができます。LECのAFP認定研修は「提案書」を分りやすく作成できるようにプログラムされており、安心して講座を受講することができます。また、CFP®の受験資格を取得することができます。

● 対象者
2級以上のFP技能士資格を既にお持ちの方で、AFP資格の取得を目指す方

● 使用教材
・FP総論　・受講のご案内
・提案書アドバイザー

● 講座の特長
・わかりやすい！「提案書アドバイザー」テキストと充実の講義
・インターネットの質問が無料です！　何回でも利用がOK

● 受講形態【通信】

講義形態	教材
Web+音声DL+スマホ	Webアップ版※
	教材発送
DVD	教材発送

※Webアップ版はインターネットでの質問はできません。

最新情報や講座申込受付はこちらまで

https://www.lec-jp.com/fp/

 検索

合格に導く!熱意あふれる講師陣

コンサルティングをはじめ、実務の第一線で活躍中の現役FPが講義を担当。独立系FPほか、社会保険労務士、行政書士など、各科目のスペシャリストによる講義は、試験対策はもちろん、実生活ですぐに活きるFP知識が身につくと評判です。

伊東 伸一
Ito Shinichi

身近なテーマで記憶に残る講義を!

『わかりやすく、かつ、聴くことで覚えることのできる講義』で受講生のみなさんを合格に導くこと、さらには、合格後も役立てていただけるような印象に残る講義を目指しています。

担当科目 ● タックスプランニング ● 相続・事業承継

岩田 美貴
Iwata Miki

ポイントを押さえた講義で理解から合格へ導きます!

20余年のLECでの講義経験から、出題ポイントを的確に押さえ、メリハリの効いた講義を行い、さらにFPとしての実務経験から、"そうなる理由"をていねいに解説いたします。

担当科目 ● 金融資産運用・提案書

山田 幸次郎
Yamada kojiro

分かりやすく、早く覚え、楽しめる講義!

資格の知識を受講生がイメージして覚えられるよう分かりやすく講義を進め、難しい内容もかみくだいて、理解しやすいように説明していきます。

担当科目 ● リスク管理

熱田 宏幸
Atsuta Hiroyuki

やる気のある方、最短合格へ導きます!

専門学校だからこそできる、無駄や暗記を極力排除した講義を提供いたします。もちろん、試験傾向も網羅していますから、毎回講義に出席して頂き、復習をすれば合格することができます。

担当科目 ● タックスプランニング ● 相続・事業承継

芳川 博一
Yoshikawa Hirokazu

基本が大事です!

FPを初めて学ぶ方が、専門用語につまずいてしまわないように、わかりやすい言葉に言い換えたり、図解を多用して楽しく学んでいただける工夫をしています。過去問分析による大事なポイントをお伝えすることで、合格につながる講義を心がけています。

担当科目 ● 不動産

長沢 憲一
Nagasawa Kenichi

徹底分析こそ合格への近道です!

これまでに出題された過去問を徹底的に分析し、本試験に直結した講義を心がけています。勉強するからには一発合格を意識することはもちろんですが、学んだ知識を日常生活のさまざまな場面で生かしてもらえれば幸いです。

担当科目 ● ライフプランニングと資金計画

歌代 将也
Utasiro Masanari

「なぜ」を大切に、実生活でも役立つ講義を!

「ライフプランニングと資金計画」の分野は、人生の三大支出への対処やキャッシュフロー表作成などFPとしての基礎となる部分と社会保険全般が範囲となっており、ボリュームがあります。講義で背景も含めて説明することで、覚えやすくなるよう心がけています。

担当科目 ● ライフプランニングと資金計画

長谷川 浩一
Hasegawa Kouichi

合格に導く「分かってもらう講義」を目指します!

FP資格では生活に直接関係のある内容を学びますが、専門用語も多く出ます。私の講義では、「暗記」ではなく「分かってもらう」ことで、難しい専門用語もしっかり理解でき合格に直結します。実生活にも役立つ有意義な講義を目指します!

担当科目 ● リスク管理

3級FP公開模擬試験

FP最新情報は
こちら

（全1回・計180分　自宅受験のみ）

厳選した問題で本試験をシミュレーション!

- 本試験と同形式・同レベルの公開模擬試験です。
- ひと通り学習が終わった後の実力診断に最適!
- 弱点・苦手分野を把握し、対策を講じて完璧に試験に備えることができます。
- 「資産設計提案業務」と「個人資産相談業務」「保険顧客資産相談業務」の3つの実技試験問題をご用意しています。
- 時間配分など、本試験をシミュレーションすることができます。

使用教材

本試験と同形式・同レベルの問題に、
解説が付いています!

- オリジナル問題冊子
- 解答・解説冊子

※学科または実技のみの受験もできます。
※自己採点となりますので、解説講義・成績表はございません。

問題冊子

解答・
解説冊子

おためしWeb受講制度

おためしWeb受講
申込はこちら

FP講座をおためしで受講してみよう!

\スマホもOK!/

 ☑ 講義の様子　　 ☑ 講師との相性　　 ☑ 便利な機能

LEC の講義を無料でためせる!

おためしWeb受講制度とは

各種試験対策のさまざまな講座の一部分を、Web講義にて無料で受講していただくことができる、大変おススメの制度です。

FPおためWeb講座 ラインナップ

下記の講座を
ご用意しています。

- 3級FPスピードマスター講座
- 2級FP・AFP養成講座
- CFP®受験対策講座
- 1級FP学科試験対策講座

講義画面

企業様の**FP資格取得**もお手伝いします

LECでは、企業様における人材育成も幅広くお手伝いしております。
FP資格の取得に関しても、LECの持つ様々なリソースを活用し、
貴社のニーズに合わせたサービスをご提案いたします。

研修のご提供形式

講師派遣型・オンライン型講義

貴社専用のスケジュールやカリキュラム、会場で、細やかなニーズに合わせた講義をご提供します。講師派遣型のみでなく、ビデオ会議システムを使ったオンライン講義もご提供可能となっており、従業員様の居住地に関わらず、リアルタイム&双方向の講義をご提供します。

オリジナルWeb通信型講義

受講させたいご参加者様のスケジュール調整が難しいものの、貴社オリジナルのカリキュラムで講義を受けさせたい場合には、弊社内のスタジオでオリジナル収録したWeb動画による講義のご提供が可能です。パソコンのみでなくスマートフォンでも受講ができ、インターネット環境があればいつでもどこでも、受講期間中であれば何度でもご受講いただけます。

法人提携割引

「企業として費用負担はできないが、FP資格取得のための自己啓発の支援はしてあげたいという」場合には、LECのFP講座（通学・通信）を割引価格にてお申込みいただける法人提携割引をご提案いたします。提携の費用は無料となっており、お申込書を一枚ご提出いただくだけで貴社従業者様がLEC講座をお得にお申込みいただけます。

合格の
れっく
LEC

テリ

LEC通信/通学講座を割引価格で
受講することができます！

れっく
LEC東京リーガルマインド

LEC Webサイト ▷▷▷ www.lec-jp.com/

情報盛りだくさん！

資格を選ぶときも，
講座を選ぶときも，
最新情報でサポートします！

最新情報
各試験の試験日程や法改正情報，対策講座，模擬試験の最新情報を日々更新しています。

資料請求
講座案内など無料でお届けいたします。

受講・受験相談
メールでのご質問を随時受付けております。

よくある質問
LECのシステムから，資格試験についてまで，よくある質問をまとめました。疑問を今すぐ解決したいなら，まずチェック！

書籍・問題集（LEC書籍部）
LECが出版している書籍・問題集・レジュメをこちらで紹介しています。

充実の動画コンテンツ！

ガイダンスや講演会動画，
講義の無料試聴まで
Webで今すぐCheck！

動画視聴OK
パンフレットやWebサイトを見てもわかりづらいところを動画で説明。いつでもすぐに問題解決！

Web無料試聴
講座の第1回目を動画で無料試聴！気になる講義内容をすぐに確認できます。

LEC 全国学校案内

＊講座のお問合せ，受講相談は最寄りのLEC各校へ

LEC本校

■ 北海道・東北

札　幌本校　☎011(210)5002
〒060-0004 北海道札幌市中央区北4条西5-1　アスティ45ビル

仙　台本校　☎022(380)7001
〒980-0022 宮城県仙台市青葉区五橋1-1-10　第二河北ビル

■ 関東

渋谷駅前本校　☎03(3464)5001
〒150-0043 東京都渋谷区道玄坂2-6-17　渋東シネタワー

池　袋本校　☎03(3984)5001
〒171-0022 東京都豊島区南池袋1-25-11　第15野萩ビル

水道橋本校　☎03(3265)5001
〒101-0061 東京都千代田区神田三崎町2-2-15　Daiwa三崎町ビル

新宿エルタワー本校　☎03(5325)6001
〒163-1518 東京都新宿区西新宿1-6-1　新宿エルタワー

早稲田本校　☎03(5155)5501
〒162-0045 東京都新宿区馬場下町62　三朝庵ビル

中　野本校　☎03(5913)6005
〒164-0001 東京都中野区中野4-11-10　アーバンネット中野ビル

立　川本校　☎042(524)5001
〒190-0012 東京都立川市曙町1-14-13　立川MKビル

町　田本校　☎042(709)0581
〒194-0013 東京都町田市原町田4-5-8　MIキューブ町田イースト

横　浜本校　☎045(311)5001
〒220-0004 神奈川県横浜市西区北幸2-4-3　北幸GM21ビル

千　葉本校　☎043(222)5009
〒260-0015 千葉県千葉市中央区富士見2-3-1　塚本大千葉ビル

大　宮本校　☎048(740)5501
〒330-0802 埼玉県さいたま市大宮区宮町1-24　大宮GSビル

■ 東海

名古屋駅前本校　☎052(586)5001
〒450-0002 愛知県名古屋市中村区名駅4-6-23　第三堀内ビル

静　岡本校　☎054(255)5001
〒420-0857 静岡県静岡市葵区御幸町3-21　ペガサート

■ 北陸

富　山本校　☎076(443)5810
〒930-0002 富山県富山市新富町2-4-25　カーニープレイス富山

■ 関西

梅田駅前本校　☎06(6374)5001
〒530-0013 大阪府大阪市北区茶屋町1-27　ABC-MART梅田ビル

難波駅前本校　☎06(6646)6911
〒556-0017 大阪府大阪市浪速区湊町1-4-1
大阪シティエアターミナルビル

京都駅前本校　☎075(353)9531
〒600-8216 京都府京都市下京区東洞院通七条下ル2丁目
東塩小路町680-2　木村食品ビル

四条烏丸本校　☎075(353)2531
〒600-8413　京都府京都市下京区烏丸通仏光寺下ル
大政所町680-1　第八長谷ビル

神　戸本校　☎078(325)0511
〒650-0021 兵庫県神戸市中央区三宮町1-1-2　三宮セントラルビル

■ 中国・四国

岡　山本校　☎086(227)5001
〒700-0901 岡山県岡山市北区本町10-22　本町ビル

広　島本校　☎082(511)7001
〒730-0011 広島県広島市中区基町11-13　合人社広島紙屋町アネクス

山　口本校　☎083(921)8911
〒753-0814 山口県山口市吉敷下東 3-4-7　リアライズⅢ

高　松本校　☎087(851)3411
〒760-0023 香川県高松市寿町2-4-20　高松センタービル

松　山本校　☎089(961)1333
〒790-0003 愛媛県松山市三番町7-13-13　ミツネビルディング

■ 九州・沖縄

福　岡本校　☎092(715)5001
〒810-0001 福岡県福岡市中央区天神4-4-11　天神ショッパーズ
福岡

那　覇本校　☎098(867)5001
〒902-0067 沖縄県那覇市安里2-9-10　丸姫産業第2ビル

■ EYE関西

EYE 大阪本校　☎06(7222)3655
〒530-0013　大阪府大阪市北区茶屋町1-27　ABC-MART梅田ビル

EYE 京都本校　☎075(353)2531
〒600-8413　京都府京都市下京区烏丸通仏光寺下ル
大政所町680-1　第八長谷ビル

スマホから
簡単アクセス！

LEC提携校

■■■ 北海道・東北 ■■■

八戸中央校【提携校】　☎0178(47)5011
〒031-0035　青森県八戸市寺横町13　第1朋友ビル　新教育センター内

弘前校【提携校】　☎0172(55)8831
〒036-8093　青森県弘前市城東中央1-5-2
まなびの森　弘前城東予備校内

秋田校【提携校】　☎018(863)9341
〒010-0964　秋田県秋田市八橋鯲沼町1-60
株式会社アキタシステムマネジメント内

■■■ 関東 ■■■

水戸校【提携校】　☎029(297)6611
〒310-0912　茨城県水戸市見川2-3092-3

所沢校【提携校】　☎050(6865)6996
〒359-0037　埼玉県所沢市くすのき台3-18-4　所沢K・Sビル
合同会社LPエデュケーション内

東京駅八重洲口校【提携校】　☎03(3527)9304
〒103-0027　東京都中央区日本橋3-7-7　日本橋アーバンビル
グランデスク内

日本橋校【提携校】　☎03(6661)1188
〒103-0025　東京都中央区日本橋茅場町2-5-6　日本橋大江戸ビル
株式会社大江戸コンサルタント内

■■■ 東海 ■■■

沼津校【提携校】　☎055(928)4621
〒410-0048　静岡県沼津市新宿町3-15　萩原ビル
M-netパソコンスクール沼津校内

■■■ 北陸 ■■■

新潟校【提携校】　☎025(240)7781
〒950-0901　新潟県新潟市中央区弁天3-2-20　弁天501ビル
株式会社大江戸コンサルタント内

金沢校【提携校】　☎076(237)3925
〒920-8217　石川県金沢市近岡町845-1　株式会社アイ・アイ・ピー金沢内

福井南校【提携校】　☎0776(35)8230
〒918-8114　福井県福井市羽水2-701　株式会社ヒューマン・デザイン内

■■■ 関西 ■■■

和歌山駅前校【提携校】　☎073(402)2888
〒640-8342　和歌山県和歌山市友田町2-145
KEG教育センタービル　株式会社KEGキャリア・アカデミー内

■■■ 中国・四国 ■■■

松江殿町校【提携校】　☎0852(31)1661
〒690-0887　島根県松江市殿町517　アルファステイツ殿町
山路イングリッシュスクール内

岩国駅前校【提携校】　☎0827(23)7424
〒740-0018　山口県岩国市麻里布町1-3-3　岡村ビル　英光学院内

新居浜駅前校【提携校】　☎0897(32)5356
〒792-0812　愛媛県新居浜市坂井町2-3-8　パルティフジ新居浜駅前店内

■■■ 九州・沖縄 ■■■

佐世保駅前校【提携校】　☎0956(22)8623
〒857-0862　長崎県佐世保市白南風町5-15　智翔館内

日野校【提携校】　☎0956(48)2239
〒858-0925　長崎県佐世保市椎木町336-1　智翔館日野校内

長崎駅前校【提携校】　☎095(895)5917
〒850-0057　長崎県長崎市大黒町10-10　KoKoRoビル
minatoコワーキングスペース内

高原校【提携校】　☎098(989)8009
〒904-2163　沖縄県沖縄市大里2-24-1
有限会社スキップヒューマンワーク内

※上記は2024年4月1日現在のものです。

書籍の訂正情報について

このたびは，弊社発行書籍をご購入いただき，誠にありがとうございます。
万が一誤りの箇所がございましたら，以下の方法にてご確認ください。

1 訂正情報の確認方法

書籍発行後に判明した訂正情報を順次掲載しております。
下記Webサイトよりご確認ください。

www.lec-jp.com/system/correct/

2 ご連絡方法

上記Webサイトに訂正情報の掲載がない場合は，下記Webサイトの
入力フォームよりご連絡ください。

lec.jp/system/soudan/web.html

フォームのご入力にあたりましては，「Web教材・サービスのご利用について」の
最下部の「ご質問内容」に下記事項をご記載ください。

> ・対象書籍名（○○年版，第○版の記載がある書籍は併せてご記載ください）
> ・ご指摘箇所（具体的にページ数と内容の記載をお願いいたします）

ご連絡期限は，次の改訂版の発行日までとさせていただきます。
また，改訂版を発行しない書籍は，販売終了日までとさせていただきます。

※上記「2ご連絡方法」のフォームをご利用になれない場合は，①書籍名，②発行年月日，③ご指摘箇所，を記載の上，郵送
にて下記送付先にご送付ください。確認した上で，内容理解の妨げとなる誤りについては，訂正情報として掲載させてい
ただきます。なお，郵送でご連絡いただいた場合は個別に返信しておりません。

　送付先：〒164-0001 東京都中野区中野4-11-10 アーバンネット中野ビル
　　　　　　　株式会社東京リーガルマインド 出版部 訂正情報係

> ・誤りの箇所のご連絡以外の書籍の内容に関する質問は受け付けておりません。
>   また，書籍の内容に関する解説，受験指導等は一切行っておりませんので，あらかじめ
>   ご了承ください。
> ・お電話でのお問合せは受け付けておりません。

講座・資料のお問合せ・お申込み

LECコールセンター ☎ **0570-064-464**

受付時間：平日9：30～20：00／土・祝10：00～19：00／日10：00～18：00

※このナビダイヤルの通話料はお客様のご負担となります。
※このナビダイヤルは講座のお申込みや資料のご請求に関するお問合せ専用ですので，書籍の正誤に関
　するご質問をいただいた場合，上記「2ご連絡方法」のフォームをご案内させていただきます。